Как избавиться от долгов с радостью

Симон Миласас

Как избавиться от долгов с *радостью*

Copyright © 2016 Симон Миласас
ISBN: 978-1-63493-191-5

Издано

Access Consciousness Publishing, LLC
www.accessconsciousnesspublishing.com

Напечатано в Соединенных Штатах Америки

Легкость, радость и великолепие

Благодарность

ОСТОРОЖНО

Это может поменять всю вашу финансовую реальность

Эта книга написана на королевском английском.
(Я вообще-то австралийка!)

Благодарность

Спасибо всем людям на планете, которых я повстречала и всем, кого еще встречу.

Гэри и Дэйну – за удивительные инструменты Access Consciousness, меняющие жизнь, вашу дружбу и вдохновение меня знать, что всё возможно.

Джастин – моему PR-агенту за то, что каждый раз, когда что-то не так здорово, она говорит: «Не волнуйся, это просто хороший материал для рассказа!»

Мойре за изменения моих парадигм, когда ты спрашивала меня: «Почему ты не можешь иметь дом и в Брисбане, и на Солнечном Побережье?»

Брендону за то, что ты являешься моим близким человеком, каждодневным вдохновением, всегда видишь меня и являешься финансовым директором тех проектов, которые мы создаем вместе.

Ребекке, Аманде и Марни – это бы не было создано без вашей помощи. Спасибо ВАМ.

Радости бизнеса и Access Consciousness – спасибо за поддержку, невероятное творчество и веселье в игре/работе!

Стив и Чутиса – спасибо за все наши совместные творческо-финансовые встречи!

Крис, Чутиса, Стив, Брэндон, Гэри и Дэйн – спасибо вам за ваши истории изменений, которые показывают людям, что всегда есть другие возможности.

Не сдавайтесь. Не бросайте. Продолжайте созидать И ЗНАЙТЕ – всё возможно.

www.gettingoutofdebtjoyfully.com

Предисловие

У меня был долг в 187 000 $, прежде чем я оказалась готова к изменению моей финансовой реальности. Это существенная сумма денег и хвастаться было нечем! У меня была куча разных работ и я путешествовала по всему миру. Я начинала бизнесы и мне было очень весело. Я всё еще делала деньги, но у меня не было ни дома, ни инвестиций или осознанности о том, в каких я на самом деле была долгах. Я избегала смотреть туда и в глубине души я думала, что они как-то сами рассосутся!

В июле 2002-го я встретила Гэри Дугласа, основателя Access Consciousness® (той компании, в которой я сейчас являюсь международным координатором) на фестивале Ума, Тела и Духа, где я организовала палатку под тот бизнес, который у меня был в тот момент, под названием «Хорошие вибрации для вас». Один общий друг привел Гэри, чтобы поздороваться. Гэри обнял меня, и я сразу отступила. Он сказал мне: «Знаешь, было бы намного лучше, если бы ты была открыта к получению. Ты была бы счастливее и у тебя было больше денег». Я подумала, что он сумасшедший. Что он имел в виду под «получением»? Не имело смысла для меня. Я думала, что я должна давать и давать, и это то, что сделает мою жизнь лучше. Никто не говорил о получении! Я думала, что я на этой планете, чтобы *давать*.

Я пошла на одну из бесед Гэри на фестивале. Она была про отношения. Он был настоящим, крепко выражался, был непочтительным, смешным, и не говорил людям, что они должны или не должны делать. Он был первым человеком, который сказал, что вы можете выбирать, что работает для вас, вы не должны быть кем-то или делать что-то, что кто-либо думает, вы должны. Он сказал, что вы единственный, кто знает, что является правдой для вас, никто другой. Это была совершенно отличающаяся и вдохновляющая точка зрения. Я была заинтригована.

Я начала использовать многие инструменты Access Consciousness и заметила, что моя жизнь начала меняться чудесным образом. Я стала счастливее и многие вещи в жизни стали легче и радостнее.

Я слушала Гэри и его бизнес-партнера, д-ра Дэйна Хира, которые несколько раз говорили о денежных инструментах Access Consciousness, но честно говоря, в действительности не принимала то, что они говорили и не придавала этому столько внимания. Это было так до моего третьего класса Access, когда я наконец-то услышала, что они говорили о деньгах и инструментах, с помощью которых вы можете поменять свою финансовую реальность. Я спросила себя: «Что случится, если я просто начну пользоваться этими инструментами?» Все другие части моей жизни изменились, когда я применила инструменты Access, может и моя финансовая ситуация изменится?

Я никому не говорила, что собираюсь использовать эти инструменты, потому что я решила, что это будет также, как было, когда я бросала курить. Никто действительно не поддерживал меня. И сколько людей в действительности поддерживают вас в создании большого количества денег? Итак, просто для себя, я начала использовать некоторые инструменты, и моя финансовая ситуация начала меняться очень быстро. Деньги начали появляться из абсолютно случайных мест, и моя готовность получать динамично возросла до такой степени, что я сумела действительно *иметь* деньги, которые приходили, вместо того, чтобы всегда находить способы потратить их или заплатить, как только они появлялись. Хммм, опять это слово «получение». Может Гэри все-таки в чем-то был прав, когда советовал, чтобы я была открыта к получению!

В течение 2-х лет я полностью избавилась от долгов.

Возможно, вы ожидаете, что я скажу, что я почувствовала себя прекрасно, освободившись от долгов, но это было не так. Я почувствовала себя странно без долгов. Мне было более комфортно быть в долгах, чем без них. С одной стороны, это ощущалось более знакомо. Это также соответствовало энергии большинства моих друзей. И это определенно соответствовало энергии этой реальности, где каждый «знает», что вы должны бороться ради денег и с ними. Общее убеждение в том, что вам необходимо тяжело работать, чтобы заработать денег. Не подразумевается, что деньги могут появиться с радостью, легкостью и великолепием. В свете всего этого, не удивительно, что через короткий промежуток времени (около двух недель) я снова была в долгах. К счастью, я была готова осознать, что я делаю. Я выбрала быть осознанной в отношении того, что я создаю и используя инструменты, которые я выучила в Access, в конце концов я смогла развернуть свою финансовую ситуацию полностью.

В этой книге я собираюсь поделиться с вами процессами и инструментами, которые я использовала, чтобы прийти от выбора «быть в долгах» к функционированию из пространства готовности иметь деньги и использовать деньги, которые являются радостным вкладом, расширяющим мою жизнь и образ жизни. *Эта книга действительно о создании финансовой реальности, которая является радостной и работает для вас.* Если вы думаете, что тоже хотели бы сделать это, вы должны быть готовы быть полностью честным с самим собой и сделать другой выбор. Вы должны получить абсолютную ясность в отношении того, что бы вы *желали* выбрать, потому что правда в том, *вы* единственный, кто создает всё, что проявляется в вашей жизни.

Возможно, вам покажется, что я просто использую расхожую фразу: «Ты можешь изменить всё!», и у вас может возникнуть соблазн просто пропустить это мимо ушей, но взгляните еще раз на то, что я предлагаю: если вы хотите создать финансовую реальность, которую вы действительно любите и которая по-настоящему работает для вас, вы должны осознать, что вы единственный человек, кто может изменить всё в своей жизни, никто другой. Это не значит, что вы одиноки в этом мире, и никто и ничто не могут помочь вам или быть вкладом для вас. Это действительно значит, что вы должны быть готовы осознать, что всё, что проявляется в вашей жизни, является таковым, потому что вы это таким создали. Большинство людей не хотят это слышать, потому что они думают, что это значит, что они должны осудить то, что им сейчас не нравится в своей жизни даже больше, чем и так уже осуждают. Пожалуйста, не делайте так! Пожалуйста, не осуждайте себя! Вы не ошибаетесь. Вы являетесь удивительным, феноменальным созидателем. Осознание того, что вы являетесь создателем всей вашей реальности, вдохновляет, потому что если вы создали всё это, то вы можете всё это изменить. И это не должно быть чем-то сложным или невозможным, как вы думаете. Тем не менее, вам нужно стать более четкими в отношении того, что бы вы хотели создать как ваш финансовый мир, а затем использовать инструменты, которые будут работать, чтобы помочь вам создать это. Вот почему я написала эту книгу, – чтобы дать вам инструменты, вопросы и пригласить вас создать всё, что вы бы хотели иметь.

Если вы бы могли изменить всё, если вы бы могли создать всё в своем финансовом мире, что бы вы выбрали?

Примечание: все инструменты в книге из Access Consciousness; истории мои. Огромное спасибо Гэри Дугласу и Дэйну Хиру за то, что они всегда являются вкладом и неиссякаемым источником изменений.

Содержание

Часть первая

что приносят деньги

Азы новой финансовой реальности

Глава 1

Что приносит деньги?

Если вы ищите быстрое решение своих проблем с деньгами – речь пойдет совсем не об этом.

Если вы в поиске чего-то, что предложит вам перспективы на будущее, а также инструменты по полному изменению образа жизни, изменению вашей реальности и будущего с деньгами, и вы готовы посвятить этому хотя бы 12 месяцев и посмотреть, что можно создать за этот срок, тогда эта книга вам в этом очень посодействует.

Мне бы очень хотелось, чтобы вы поняли, что являетесь источником создания денег в своей жизни. Когда вы готовы быть всем, чем являетесь, вы становитесь бесконечным источником созидания абсолютно всего в вашей жизни, включая и деньги. Вы обладаете безграничной (и, в основном, неиспользуемой) возможностью создать финансовую реальность, которая бы вам подошла. Проблема в том, что большинство из нас обучено о деньгах тому, что просто не является правдой. Когда мы начнем разбирать эти мифы и неверные представления и будем играть с иными перспективами, объединяя их с простыми и практическими инструментами, то динамичные изменения в вашем денежном мире станут намного проще и их созидание принесет вам больше радости.

Что если деньги – это совсем не то, в чем вы были убеждены, что вам рассказывали, внушали или чему вас обучали? Что если ваша готовность интересоваться, задавать вопросы, играть и получать нечто произвольное, неожиданное и непредсказуемое может принести вам гораздо больше денег, чем вы когда-либо представляли себе?

Готовы ли вы отправиться в приключение по созданию образа и стиля жизни, где есть много денег? Правда? Вы ответили «Да»? Тогда давайте начнем!

НИЧТО НИКОГДА НЕ ПРОЯВЛЯЕТСЯ ТАК, КАК ВЫ ПРЕДПОЛАГАЕТЕ (иначе говоря, МИФ ПРИЧИНЫ И СЛЕДСТВИЯ)

Большинство людей верят, что деньги и финансы – это линейная вещь. Нам постоянно говорят: «Для того, чтобы иметь деньги, вы должны сделать и представлять из себя А, потом Б и затем В». Это тот образ мышления, согласно которому мы живем и постоянно тратим свое время на то, чтобы искать идеальную формулу, как сделать много денег. Мы продолжаем смотреть на деньги как на нечто, приходящее исключительно в результате определенных действий (как усердный труд, работа в течение долгих часов, получение денег в наследство или выигрыш в лотерею). А что если создание денег не обязательно является парадигмой причины и следствия? Что если деньги могут появляться различными путями из различных источников?

Когда я изменила свою финансовую реальность, деньги начали приходить ко мне из абсолютно фантастических мест. Мне дарили деньги, я получала достаточно необычную и выгодную работу. В то же время мне также было гораздо проще распознавать и получать все эти вещи, поскольку я тогда постоянно спрашивала: «Каким несметным количеством путей ко мне сейчас могут прийти деньги?», и я была готова сделать все, что угодно и взяться за любую работу, которая что-то привносила в мою жизнь и расширяла мою финансовую реальность. Я не отказывалась от денег или от возможностей. Скорее, я сама раскрывалась им навстречу, не имея ни малейших точек зрения о том, как они выглядят. Это позволило вещам проявиться в моей жизни и сделать в нее вклад таким образом, который я бы не смогла распознать, если бы решила, что деньги должны приходить в мою жизнь только в виде линейного плана «А, Б, В».

Что если вы можете быть тем неординарным человеком, который навсегда изменит свою денежную и финансовую реальность, отказавшись от своих линейных точек зрения касаемо денег? Что если бы вы могли иметь неограниченные потоки дохода? Что если вы можете создавать деньги так, как не умеет никто другой? Готовы ли вы отказаться от необходимости вычислять, определять или просчитывать, как придут деньги и позволить им входить в вашу жизнь случайными, волшебными и чудесными путями? Не зависимо от того, как это выглядит? Даже если это совсем не похоже ни на что, полагаемое вами ранее?

«Перестаньте просить что-то манифестировать, дайте Вселенной сделать свою работу!»

Когда-то я была немножко хиппи. Мне нравилось все, связанное с духовным. Я расстраивалась, если забывала почистить свои кристаллы под полной луной. Мои друзья и я обсуждали то, что мы хотели бы «манифестировать» в своей жизни. Представьте себе мое удивление, когда я познакомилась с Гэри Дугласом и он объяснил мне, что «Манифестация - это то, 'как' к нам приходят вещи, и что то, как именно нечто к нам приходит – это работа Вселенной. Вашей работой является это реализовать: это ваша работа просить и быть готовым это получить, каким бы образом оно ни пришло».

Запутались? Хорошо, давайте взглянем на это чуть ближе. Манифестация на самом деле означает: «Как это проявится». Когда вы говорите вселенной: «Я бы хотел это манифестировать», вы заявляете: «Я бы хотел, как это проявится», что не имеет никакого смысла. Это невразумительно и непонятно Вселенной, поэтому она не может вам это дать. Вселенная желает вам поспособствовать, вы можете просить ее, о чем угодно! Но когда вы это делаете, выражайтесь ясно и просите, чтобы нечто просто реализовалось в вашей жизни, а не то, как оно бы проявилось. Спросите: «Что потребуется, чтобы оно проявилось? Что требуется, чтобы это осуществилось в моей жизни прямо сейчас?» Собственно, если вы желаете, чтобы Вселенная вам помогла, просите о том, ЧТО вы хотите, а не КАК вы это хотите, и это означает перестать просить «манифестировать» вещи. Создайте больше ясности между вами и Вселенной, начните просить о реализации вещей, и чтобы они проявились в вашей жизни, и дайте Вселенной позаботиться о том, «как» это произойдет.

Сколько времени вы тратите на то, чтобы управлять тем, «как» вещи проявляются в вашей жизни?

Сколько вашего времени, энергии и усилий вы тратите на то, чтобы выстроить вещи и воплотить в реальность определенные результаты через контроль? Сколько времени вы в отчаянии тратите, чтобы понять, как и когда нечто придет, вместо того чтобы попросить это и быть готовыми это распознать и получить, когда это появится? У Вселенной есть бесконечные возможности для манифестации, и у нее, как правило, есть гораздо более обширные и магические пути, чтобы это сделать, по сравнению с тем, что вы можете себе представить. Были бы вы согласны отказаться от всех своих соображений о том, как именно нечто должно проявиться, и позволить Вселенной выполнять свою работу беспрепятственно? Все, что вам необходимо сделать, это получать и прекратить себя судить.

Вы должны быть готовы перестать пытаться контролировать, предполагать или разгадывать, как и когда придут деньги, и быть готовыми для себя их актуализировать. Чтобы реализовать это с наибольшей легкостью, вам следует снять свои шоры и повязки с глаз, раскрыться навстречу бесчисленным способам того, как Вселенная желает вас одарить, чтобы, когда это произойдет, ничего не пропустить.

Иногда Вселенной приходится что-то поменять местами, чтобы создать то, что вы желаете. Возможно, это не произойдет немедленно, но это не значит, что не происходит совершенно ничего! Не судите, что нечто не может проявиться или не проявится совсем, и не судите себя за то, что вы делаете что-то не так, а то это остановит процесс, который вы начали, когда попросили о том, чего желаете. Будьте терпеливы и не ограничивайте будущие возможности.

Помните: «Требуйте от себя и просите Вселенную»

«Деньги - это не только наличные».

Гэри часто рассказывает историю о женщине, которая пришла на один из его классов о деньгах. Несколько недель спустя он ей позвонил, чтобы узнать, как у нее дела, и она сказала: «Ничего не изменилось, для меня это не сработало!» Он спросил ее, почему она так думает, и она сказала: «Потому, что мой банковский баланс точно таков, каким и был раньше». Гэри спросил, не происходило ли с ней недавно что-то еще. Она ему сказала: «Вот, моя подруга недавно купила новую машину и отдала мне бесплатно свою старую. Еще одна подруга отдала мне весь свой гардероб дизайнерской одежды, которую она никогда не носила, поскольку она ей больше не нужна. И сейчас я живу прямо на пляже, в замечательной квартире, и не плачу за ее аренду, так как эта самая подруга уехала заграницу на 6 месяцев».

Гэри сказал той женщине: «У тебя появилась новая машина, новый гардероб и прекрасное новое жилье, и ты говоришь, что ничего не изменилось! Ты только что за последние недели получила вещей на тысячи долларов! Разве это не больше денег в твоей жизни?» Эта женщина готова была видеть только деньги в виде наличности в банке. Но сколько бы ей стоило купить новую машину, одежду от дизайнеров или платить арендную плату за то место, где он жила?

Существует множество путей, по которым деньги и потоки наличности могут прийти в вашу жизнь, но, если вы не готовы их признать, если вы думаете, что они должны выглядеть определенным образом, вы будете думать, что ничего не меняете, а на самом деле наоборот. Что если бы вы были готовы владеть всеми путями, по которым в вашей жизни могут проявиться деньги, и не только?

Готовы ли вы отказаться от предположений, контроля и поиска решений, и отправиться в путешествие, задаваясь вопросом, что вы действительно желаете иметь в виде своей финансовой реальности, и получить взамен приключение, в котором эта реальность раскроется такими путями, которые вы сейчас не можете даже вообразить?

Если это так, пришло время взглянуть на другой абсолютно необходимый инструмент для создания денег: просите и дано вам будет.

ПРОСИТЕ И ДАНО ВАМ БУДЕТ

Люди постоянно создают суждения и убеждения по поводу денег, но очень немногие задают вопросы.

Если ты такой же, как и все на планете, ты постоянно судишь себя за то количество денег, которое у тебя есть или нет. Забавная штука в том, что не важно, есть у тебя много денег или не много – большинство людей имеют тонны и тонны суждений по поводу денег. Несмотря на то, что у них на банковском счету, очень немногие люди действительно ощущают легкость и спокойствие и изобилие с деньгами.

Вы скорее всего слышали фразу: «Просите и дано вам будет». Вы когда-нибудь действительно запрашивали деньги? Вы когда-нибудь действительно были готовы их получить? Получение – это готовность иметь безграничные возможности для того, чтобы что-то приходило в твою жизнь без каких-либо точек зрения об этом, где, когда, как или почему это проявляется. Ваша способность получать деньги открывается, когда вы теряете свои суждения о деньгах и о себе в отношении денег.

Если вы действительно желаете изменить свою финансовую ситуацию, отказ от суждений – это один из главных шагов в этом процессе. Вопреки тому, что мир говорит нам, суждения не создают больше в вашей жизни. Они удерживают вас в полярном мире плохого и хорошего, правильного и неправильного, подстраивания и соглашения или сопротивления и реакций. Суждения не дают нам свободы, выбора или возможности чего-либо другого за пределами одной стороны монеты или другой. Суждения останавливают вас от вопросов и от получения. Есть ли какое-то противоядие? ВЫБОР. Вы должны выбрать остановить себя в тот момент суждений и сделать запрос для себя, что вы больше не судите и не придерживаетесь ограничивающих мыслей и заключений. И затем задайте вопрос.

Давайте вернемся к концепции линейности с деньгами на минуту. Когда вы верите, основываясь на куче мыслей, чувств, суждений и заключений, что деньги могут появиться только определенным образом, то они не смогут появиться другим образом, чем вы решили возможно или желательно. С каждым суждением того, что вы решили невозможно, вы делаете себя слепым ко всему, что может проявиться за пределами ваших ограничений; как например женщина, с которой Гэри разговаривал, которая создала все эти дорогостоящие вещи в своей жизни, но решила, что ничего не изменилось, потому что её банковский баланс остался прежним. Если вы готовы отпустить ваши суждения по поводу денег, вы можете начать видеть возможности, которые вы считали ранее невозможными, и пригласить больше и больше в свою жизнь.

Один из самых простых способов пригласить деньги в свою жизнь – это запросить!

В общем, я заметила, что люди не очень преуспевают в запрашивании вещей. Если вы посмотрите на маленьких детей, они очень любопытны, им хочется узнать обо всем на свете, и они имеют склонность задавать множество вопросов. И в большинстве случаев это поведение не поощряется.

Когда я была ребенком, у меня отбивали охоту разговаривать о бизнесе или о деньгах за ужином, так как моя мама выросла с убеждением, что это является плохим тоном. Мне было всегда любопытно знать о бизнесе и деньгах, и мой отец и брат оба были бухгалтерами, и они любили бизнес. Мне хотелось задавать вопросы постоянно, особенно за ужином, когда мы были все вместе, но мне было запрещено, потому что это считалось невежливым.

Вас учили, что это неправильно или дико – разговаривать о деньгах? И вас учили, что это плохо – спрашивать о деньгах? Вас не поощряли задавать вопросы вообще?

Я знаю множество людей, которых критиковали за их любопытство с детства. У меня был друг, чья мама один раз буквально заклеила ему рот скотчем, чтобы он перестал разговаривать, потому что он задавал слишком много вопросов! Другой друг, всякий раз, когда он задавал вопросы в детстве, его семья говорила ему: «Любопытство убило кошку, не могло ли бы оно убить тебя, пожалуйста?»

По правде говоря, большинство людей на планете учили, что просить денег или просить что-либо - это то, чего вы не должны делать, если у вас нет действительно веских оснований или оправданий, например, вы слишком много работали или можете доказать, что заслуживаете это.

Несколько лет назад моя прекрасная причина иметь деньги была такой: «У меня должно быть много денег, потому что я буду делать с ним хорошие дела. Я буду использовать их, чтобы помочь людям». В принципе, конечно, в этой идее нет ничего неправильного, но это означало, что с каждым долларом, приходящим в мою жизнь, я не могла позволить им быть вкладом для своей собственной жизни. Я вообще не фигурировала в списке людей, которым я могла бы помочь с деньгами. Это в основном означало, что в любое время, когда я получала деньги, я должна была избавиться от них. Я не могла иметь их в моей жизни или позволить им быть вкладом для меня напрямую, потому что я должна была помогать другим людям постоянно. Забавная штука в том, что как только я позволила себе иметь деньги, действительно иметь их в моей жизни и позволить им быть вкладом в мою жизнь, наслаждаться ими и наслаждаться собой, моя способность быть вкладом для других возросла и продолжает расти экспоненциально.

Фишка в том, что деньги не имеют никакой точки зрения, у них нет морального компаса, который говорит: «Вы вели себя хорошо, поэтому вы можете иметь много денег» или «Вы вели себя плохо, никаких вам денег!» Деньги не судят. Деньги появляются у людей, которые просят о них и готовы их получить.

Посмотрите вокруг - вы заметили, что есть добрые и недобрые люди с деньгами и добрые и недобрые люди без денег?

Вам не нужно доказывать, что вы хороший или плохой, или что вы заслуживаете денег, вы должны быть готовы перестать судить, заслуживаете ли вы денег и запросить их, просто потому что вы можете. Просто потому что это весело – иметь деньги!

Что если вы можете запрашивать деньги, потому что вы знаете, что жизнь может быть более веселой с деньгами, чем без них? Что если цель вашей жизни в том, чтобы веселиться? А вы это делаете?

ДЕНЬГИ СЛЕДУЮТ ЗА РАДОСТЬЮ, А НЕ НАОБОРОТ

Многие люди спрашивают меня о том, как они могут создать больше денег в своей жизни. Я говорила с людьми, которые получают определенную зарплату каждый месяц или каждую неделю также, как и с теми, кто создает другие способы привлечения денег в свою жизнь, когда количество варьируется от недели к неделе или от месяца к месяцу. Независимо от их положения, я говорю людям, что привлечение большего количества денег связано с генерирующей энергией, которую вы создаете.

Более простой способ сказать это был изящно изложен в этой цитате доктора Дэйна Хира: «Деньги следуют за радостью; радость не следует за деньгами».

Часто я слышу от людей: «Когда у меня есть некое количество денег, я счастлив или спокоен, или мне легко». Что если вы можете просто просыпаться счастливыми? Что если у вас уже есть спокойствие? Что если у вас уже есть легкость? Что если уже сейчас стали другой энергией? Именно той энергией, которая приглашает деньги в вашу жизнь?

«Если бы ваша жизнь была вечеринкой, захотели бы деньги на неё прийти?»

Если вы посмотрите на свою текущую жизнь как на вечеринку, каким приглашением она может быть для денег?

«Так… У меня вечеринка, но здесь совсем не весело. У нас нет вкусной еды и напитков, мы не собираемся надеть красивую одежду, и когда ты придешь, я скорее всего начну жаловаться, что мне тебя недостаточно, что ты никогда не остаешься надолго рядом и как грустно я себя чувствую, когда думаю о тебе. И когда ты уходишь, я начинаю осуждать тебя за это тоже, вместо того, чтобы быть благодарным, что ты вообще пришел. О, и я буду постоянно жаловаться на тебя за твоей спиной.»

Если бы вы получили такое приглашение на вечеринку, вам бы захотелось прийти?

Если бы вас пригласили на вечеринку, и хозяин бы сказал: «Вау, я так благодарен, что ты здесь, спасибо, что пришел!» Там бы была прекрасная еда, вкусное шампанское, музыка, люди, которые искренне наслаждаются собой и наслаждаются вами, не судят вас за то, что вы покидаете вечеринку, но приглашают снова прийти в любое время, привести с собой друзей, если захотите – возможно, этой вечеринкой деньги заинтересуются намного больше?

Что если вы начнете жить свою жизнь, как будто это праздник уже сегодня? Что если вы не будете ждать, пока деньги появятся? Что если вы начнете делать и быть тем, что приносит вам радость прямо сейчас?

«ЧТО ПРИНОСИТ ВАМ РАДОСТЬ?»

Энергия, которую вы создаете, когда вы веселитесь, когда вы полностью, счастливо заняты чем-то, что вам нравится, является генерирующей. И не важно, как вы создаете эту энергию. И не обязательно, чтобы это было напрямую связано с тем, что вы делаете для того, чтобы в настоящее время заработать деньги (помните, мы отказываемся от линейности и причины и следствия). Генерирующая энергия (энергия радости) является вкладом в вашу жизнь и в ваш бизнес, не важно, когда, как, где и почему вы создаете её или что вы создаете с ней.

Нас никто не спрашивает выяснить, что приносит нам радость и затем искать бесчисленные способы, которыми мы можем делать деньги из удовольствия, поэтому это может занять некоторое время, чтобы выяснить, что же приносит вам радость. Вы готовы начать спрашивать себя об этом в любом случае и выбирать, что бы это ни было?

Мой партнер Брэндон стал «трэйди» (австралийское сленговое выражение для ремесленника) в юном возрасте. Он был плиточником. Очень долго Брэндон верил, что укладка плитки – это единственная вещь, которой он может заниматься в своей жизни, хотя, по правде говоря, он обладал гораздо большими способностями. Когда мы стали встречаться, он не получал удовольствия от своей работы плиточником. Я предоставила ему пространство, чтобы задать себе вопрос о том, что действительно приносит ему радость и выбрать что-то другое. Я полностью поддерживала Брэндона и его сына финансово 18 месяцев. Я могла видеть его способности и еще я видела, что ему нужно пространство, чтобы сделать несколько выборов в отношении того, что он желает в своей жизни. В это время он становился больше и больше собой. Он обнаружил то, в чем он прекрасен и что доставляет ему радость, будь то приготовление великолепных обедов, проектирование и осуществление домашнего ремонта, игра на фондовом рынке или инвестиции в недвижимость. Если бы он застрял в идее того, что он должен был оставаться плиточником на всю оставшуюся жизнь, он никогда бы не позволил себе этих изменений.

Что, если вы бы могли позволить кому-то (даже себе) выбрать что-то другое? Независимо от того, сколько вам лет, сколько времени потребуется, и с чего нужно начать?

Если вам 55, и вы задаете себе этот вопрос, и вам приходит: «Я всегда очень хотел быть в цирке», - будьте в цирке! Сделайте то, что вы хотели бы сделать, потому что это принесет вам больше денег. Не создавайте ничего как оправдание того, почему вы ничего не выбираете.

«Ваша жизнь – это ваш бизнес, ваш бизнес – это ваша жизнь»

Что вы любите делать просто для веселья? Что если вы будете это делать один час в день и один день в неделю?

У меня есть высказывание: «Ваша жизнь - это ваш бизнес, ваш бизнес - ваша жизнь». Что, если бизнес жизни был бы тем бизнесом, которым вы на самом деле занимались, независимо от того, что вы на самом деле делаете для работы? С какой энергией вы живете свою жизнь? Вы получаете удовольствие? Я часто беру собаку на прогулку по пляжу утром. Каждый раз, когда мы идем, это похоже на первый раз для него. Он прыгает вокруг с бурной энергией, как бы говоря: «Это потрясающе! Это потрясающе!» Он бежит по пляжу, прыгает в океан и прекрасно проводит время. Для меня так часто происходит именно в моменты, когда я просто наслаждаюсь пляжем и нахожусь с моей собакой, и мне приходят в голову лучшие творческие и продуктивные идеи. Создание этого пространства для радости - это вклад в себя, который мы почти не признаем.

Никакая сумма денег в мире не может создать счастье. Вы его создаете. Делая то, что вам нравится. Будучи ВАМИ. Поэтому, пожалуйста, начинайте делать и быть тем, кем вы действительно хотите заниматься и быть. Начните быть счастливым. Просто начните.

Если вы хотите иметь больше денег в своей жизни, вы должны быть готовы хорошо провести время. Независимо от того, что требуется, как они будут выглядеть и как они появятся, потому что они никогда не появляются так, как вы думаете.

Вы должны быть готовы к радости и позволить деньгам следовать этому.

ПЕРЕСТАНЬТЕ ПРИДАВАТЬ ДЕНЬГАМ БОЛЬШОЕ ЗНАЧЕНИЕ

Что для вас значат деньги? Обладают ли они большим значением в вашей жизни? Какие эмоции у вас связаны с деньгами? Радость, счастье, легкость? Тревога, стресс и трудности?

Все, что мы делаем значительным и серьезным превращается в причину для самоосуждения и осуждения того, что мы сделали значимым.

Когда вы наделяете нечто значимостью, вы делаете это больше и мощнее вас самих. Все, что имеет значимость в вашей жизни, именно это вы наделили силой, а себя сделали бессильной жертвой. На самом же деле неправда, что это нечто вас сильнее, или что силы нет у вас, но вы делаете так, что присваиваете этому такую важность и значимость в своей жизни, что решаете, будто не можете без этого прожить, и отбираете у себя выбор касаемо этого, за исключением приложения усилий по тому, чтобы это удержать. Проблема в том, что, когда вы за что-то крепко держитесь, из этого уходит жизненная энергия. Когда вы создаете вокруг чего-либо значимость, вы душите это и душите себя, так что для роста, возможности вздохнуть, перемены или развития совсем не остается места.

Вы заметили, что когда вы делаете что-то значительным, важным или обязательным, с этим становится практически невозможно чувствовать игривый, счастливый настрой или ощутить легкость? В вашей жизни реально становится невозможно создать этого больше, поскольку вы слишком заняты усилиями не потерять хотя бы то, что у вас сейчас есть. Это именно то, что мы обычно делаем с деньгами.

Деньгам присвоена огромная значимость.

Вам может показаться невыполнимой просьба представить свою жизнь так, чтобы в ней деньгам не придавалось такое значение, но взгляните всего на минуту. Если бы деньги не были значимы, какую бы свободу это вам дало? На сколько больше выбор? На сколько легче и счастливее вы бы себя ощущали во всех жизненных аспектах?

Что если бы вы начали сегодняшний день с создания каждой части своей жизни, как радостного праздника?

Много лет назад я поняла, что застряла в привычном образе мышления выбирать все, что я могу и не могу, исходя из количества денег на моем банковском счету. Я спрашивала себя, как бы создать сумму денег, чтобы поехать на Коста-Рику на мероприятие Access Consciousness. Я помню момент, вскоре после этого, когда я сидела с пачкой денег, которую я создала. Деньги были прямо у меня в руках, но в голове крутились мысли о том, что мне стоило бы и что нужно было бы с ними сделать, я волновалась, придут ли деньги еще или нет. Примерно в это же время кто-то мне сказал: «Когда ты перестанешь делать деньги более значимыми, чем себя саму?» И когда я взглянула на всю эту наличность в своих руках, я начала ее видеть, как кучку красивых цветных кусочков бумаги. Я смотрела на все это и думала: «Как же так, я делаю бумажки в своих руках более значимыми, чем выбор, который могла бы сделать в своей жизни? Это сумасшествие!» После этого я потребовала от себя, что не буду ценить деньги больше, чем себя. Вам следует помнить, что деньги не являются источником создания, вы являетесь этим источником. ВЫ создаете свою жизнь!

Как избавиться от долгов с *радостью*

Для создания радостной финансовой реальности, вам нужно отказаться от всего, что вы решили является значимым с деньгами,
и вы должны быть готовыми радоваться и быть счастливыми с
деньгами или без. Что если бы вы начали создавать свою жизнь как
приглашение для денег поиграть с вами, от которого они бы не смогли
отказаться? От каких точек зрения касаемо денег вам нужно отказаться,
чтобы это с легкостью создать?

Глава 2

Как изменить задолженности?

Какова ваша точка зрения касаемо долгов? Они вам кажутся нормальными, неизбежными или неотвратимыми? Вас научили верить в то, что задолженность – это плохо, неправильно или это необходимое зло? Вы избегаете смотреть на свои долги? Вы старательно игнорируете свои задолженности, надеясь, что все само собой как-то разрешится?

Что если бы я вам сказала, что долг – это всего лишь выбор? Это не плохо и не хорошо, не правильно и не неправильно – это просто выбор.

Это может прозвучать упрощенно, однако это является самым основным и мощным инструментом по выходу их долгов – признать, что жизнь в долгах - это ваш выбор, и вы можете это изменить, если пожелаете. Как только вы сделаете выбор выйти из долгов, вы сможете всё изменить.

Очень часто, когда я говорю людям, что: «Задолженности – это просто выбор. Деньги – это просто выбор», они на самом деле не хотят это знать. Они предпочитают скорее себя осуждать, чем взглянуть на то, что они в настоящее время создают как свою реальность.

Вы можете себя спросить: «Если долг – это всего лишь выбор, почему он у меня есть? Что я сделал не так? Почему я не сделал все правильно?» Пожалуйста, не судите, не обвиняйте или не уходите во все, что вы считаете с вами не так. Что если ничего из того, кем вы были и что делали, не является неверным? Вы подошли к этому моменту, будучи в поиске чего-то иного, читая эту книгу и разыскивая иные возможности с деньгами, не так ли? А что если сейчас настало идеальное время выбрать что-то новое?

И вы сразу можете выбрать что-то новое. В тот момент, когда вы выбираете что-то другое, в вашей финансовой реальности происходит сдвиг. В секунду, когда вы себе говорите: «Знаете, что? Независимо ни от чего, я это поменяю!», вы вдохновляете себя на то, чтобы снять свои очки цвета долга и задаться вопросом: «Что еще возможно? ®» и «Что я могу сделать, чтобы это изменить?»

Насколько вы создали свою жизнь, исходя из позиции долга? Что если вместо того, чтобы выбирать исходя из точки зрения: «Я не могу это изменить», вы окунетесь в энергию вопроса: «Что если я могу выбирать все, что угодно? Что если бы я выбирал для себя? Что я хотел бы создать?»

Когда вы меняете свою точку зрения, меняется ваша реальность. Какая ваша точка зрения в настоящий момент создает вашу финансовую ситуацию? Что если бы вы разрешили самому себе поменять эту точку зрения? Дало бы это вам свободу выбрать нечто иное?

ВАША ТОЧКА ЗРЕНИЯ СОЗДАЕТ ВАШУ (ФИНАНСОВУЮ) РЕАЛЬНОСТЬ

Что для вас является разницей между тем, что для вас в жизни настоящее и что нет? Ваш выбор в том, как вы на это смотрите. Ваша точка зрения о деньгах до настоящего момента создавала вашу настоящую финансовую ситуацию. Как вам она подходит?

С момента нашего зачатия мы впитываем в себя реальность наших родителей, реальность нашего окружения, денежную реальность наших друзей, родственников, сверстников, учителей, нашей культуры и общества. Мы постоянно находимся в свете этого и ожидается, что мы купимся на те же самые точки зрения. Нас не учат задавать вопрос, насколько все это для нас истинно, реально и подходяще. Нам говорят: «Дела обстоят вот так, такова реальность ситуации». Но что если это не так?

Я могла бы купиться на точку зрения своей семьи, что говорить за столом о деньгах во время ужина неуместно и винить себя за желание говорить за ужином о деньгах. Я могла бы перестать это делать. Но вместо этого я поняла, что их точка зрения была всего лишь их точкой зрения, и что она не должна быть для меня истинной и верной. Мой партнер и я обожаем обсуждать деньги за бокалом вина и за ужином. У нас есть то, что мы любим называть «Финансовыми основами», мы это обсуждаем, пока наслаждаемся вкуснейшей едой, которую он готовит. Мы говорим о том, где мы сейчас финансово находимся, что бы мы хотели создать с деньгами через год, через 5 лет, через 10 лет в будущем, и играем с идеей того, что еще возможно, что мы еще не учли. Мы развлекаемся, мы порождаем огромное количество энтузиазма и радости в нашей жизни, мы предлагаем чудесные идеи и устанавливаем себе новые мишени для попадания. Если бы я купилась на точки зрения других людей как на верные для себя, я бы не смогла создать эту изумительную часть своей реальности, от которой мы вместе с моим партнером получаем удовольствие и которая делает неимоверный вклад в нашу жизнь и в создание наших финансов.

Если бы вы «расфиксировали» свои зафиксированные точки зрения о деньгах, если бы у вас не было суждений о деньгах, какой бы вы создали свою финансовую реальность? Была бы она такой же серьезной и проблематичной, как нам часто о ней говорят? Или вы бы создали нечто совсем-совсем иное?

"Вы решили, что все плотное и тяжелое в жизни реально?"

Я говорила с женщиной, которая хотела расширить свой бизнес, но ранее пришла к заключению, что, если она последует своему плану, у нее не хватит денег на проживание. Она чувствовала себя парализованной. Она говорила, что знает, что функционирует исходя из энергии, которая не является реальной или правдивой, однако каким-то образом это удерживало ее в клетке. Я ее спросила: «Делаешь ли ты свои заключения реальными? С ними связана тяжесть, которую мы ассоциируем с этой реальностью. Но что если это не так? Что если они являются всего лишь интересной точкой зрения?»

Женщина спросила: «Но разве то, что мне нужны деньги для оплаты счетов, не является реальным? Разве то, что мне нужны деньги для того, чтобы заплатить за еду, не является реальным? Разве все это не является реальным?»

Я сказала: «Все тебе говорят, что ты должна оплатить свои счета и должна покупать еду, но все это – заключения. Ты не обязана все это выполнять. Ты можешь подать на банкротство. Ты можешь не оплачивать свои счета. Ты можешь просто уехать. Ты можешь заехать в гости к друзьям и поесть у них. Есть миллион вещей, которые ты можешь сделать. Ты также можешь выбрать создать что-то абсолютно иное». Все сводится к выбору. У вас есть выбор. Что вы выбираете?

Много лет назад я сама проходила через трудные времена и позвонила другу. Когда я рассказала ему о том, что происходит, он парировал: «Да, Симон, но все это не является реальным». Я стояла на кухне, размышляя: «Это реально. Это на самом деле происходит». Я начала смеяться, потому что мне так сильно хотелось, чтобы этот друг купился на то, из какого пространства я функционировала. Я хотела, чтобы он подстроился и согласился с моими заключениями и ограничениями, и сказал: «Знаешь, а ты прав. Это правда реально».

Что вы решили является для вас реальным, а что нет? Почему вы решили, что это реально? Потому что таков был ваш прошлый опыт? Потому что это «ощущается» реальным: тяжелым, плотным, значимым или непоколебимым? Действительно ли все то, что для вас правдиво, будет ощущаться как тонна кирпичей, или же это заставит вас чувствовать себя легче и счастливее?

Взгляните на что-то плотное, например, на кирпич или на здание. Наука доказала нам, что даже самые плотные вещи на самом деле на 99,99% состоят из пустоты. Что если то, что вы решили является реальным, плотным и непоколебимым на самом деле этим не является, а вас просто научили так это видеть? Что бы могло измениться, если бы вы выбрали распознать, что может быть все, что вы думаете, совсем не обязательно так?

«Прекрасный инструмент для создания легкости с любой точкой зрения – сделать её интересной, вместо реальной».

Одним из моих любимых инструментов Access Consciousness является следующее: в течение следующих трех дней, для каждой мысли и эмоций, которые возникают (не только о деньгах, но и обо всем), что, если бы вы сказали себе: «Интересная точка зрения, у меня есть эта точка зрения»? Скажите это несколько раз и обратите внимание, если что-то изменится. Давайте попробуем: какая ваша самая большая проблема с деньгами прямо сейчас? Почувствуйте эту мысль и любые чувства или эмоции, которые поднимаются. Теперь посмотрите на это и скажите: «Интересная точка зрения, у меня есть эта точка зрения». Что-нибудь изменилось? Если нет, скажите еще раз. Скажите это еще три раза, еще 10 раз. Заметьте что-нибудь другое? Сложнее ли держаться за неё? Становится ли она менее значительной и твердой? Когда вы перестаете покупаться на какую-либо точку зрения как реальную или абсолютную, и считаете ее просто интересной - она начинает ослабевать и оказывать меньшее влияние на вашу вселенную. Когда вы говорите: «Интересная точка зрения, у меня есть эта точка зрения» про мысли, чувства или эмоции, и они рассеиваются или изменяются, это означает, что они не являются правдой для вас.

Теперь подумайте о ком-то, кому вы действительно благодарны в жизни. Получите энергию того, что они есть в вашей жизни, взгляните на нее и скажите: «Интересная точка зрения у меня есть эта точка зрения». Это уходит и рассеивается? Или происходит что-то еще?

Когда что-то истинно для нас, и мы это признаем, это создает ощущение легкости и расширения в нашем мире. Когда что-то не является правдой для нас, как суждение или заключение, к которому мы пришли по поводу чего-либо, это тяжело, и это чувствуется как сжатие или напряжение. Когда вы говорите: «Интересная точка зрения, у меня есть эта точка зрения», то, что верно для вас, расширяется и растет, а то, что нет, становится менее значительным и рассеивается.

Вот еще один способ использования «интересной точки зрения», когда вы читаете эту книгу. Для каждой мысли, чувства или эмоций, которые возникают у вас на счет денег, когда вы читаете, найдите минутку, чтобы осознать эту точку зрения, а затем используйте «интересную точку зрения». Возможно, вы узнаете, что почти все, что, по вашему мнению, было твердым и абсолютным в отношении вашей текущей финансовой ситуации, просто интересно, а вовсе не реально. С «интересной точкой зрения» все становится податливым. Вы можете выбрать, хотите ли вы ее сохранить, изменить или создать совершенно другую точку зрения.

Что бы вы хотели создать и выбрать сегодня?

ОТКАЖИТЕСЬ ОТ КОМФОРТА ЖИЗНИ В ДОЛГАХ

Я часто разговариваю с людьми, которые были в долгах, освободились от них, а затем опять возвращались в долги. Я сама так делала. Недавно я поговорила кое с кем, кто сказал: «Я был без долгов и имел деньги на своем банковском счете в первый раз в моей жизни, но теперь у меня снова долг в $ 25 000. Это уже четвертый раз! Что стоит за этой моделью? Мне не нравится находиться в долгу или изо всех сил пытаться найти деньги, чтобы вернуть долг, но мне также не нравится ограничение того, что я не выбираю что-то только потому, что у меня нет денег».

Я спросила ее: «Ты действительно готова быть свободной от долгов?», и она признала, что на самом деле не может ответить «Да!». Для нее было что-то более комфортное в том, чтобы быть в долгах, чем без них. Я знаю, что это было так для меня, когда я впервые вышла из долгов, и это может быть так и для вас. Я была действительно разочарована, когда я впервые вышла из долгов. Я подумала: «Где трубы, фейерверк и большой уличный парад, провозглашающий: «Да, Симон, ты потрясающая!»?» Это было некоторым разочарованием. Это казалось странным и незнакомым - не иметь этого долга в моей жизни. Для кого из вас это тоже знакомое чувство?

Есть много причин, по которым нам более комфортно в долгах, чем без них. Вы привыкли быть похожими на всех остальных. Вы можете не хотеть быть «высоким маком» (это термин, который мы используем в Австралии, чтобы описать людей с подлинными заслугами, которых атакуют, унижают или критикуют, потому что их таланты или достижения делают их выделяющимися из толпы), или вам может не понравиться идея быть осуждаемым за то, что вы единственный человек, которого вы знаете, у которого нет долгов или денежных проблем.

Если вы продолжаете находиться в определенной сумме долга, и вы действительно хотите изменить его, вы должны иметь мужество и смотреть правде в глаза касаемо того, что вы сейчас выбираете, и сделать другой выбор. Вы готовы чувствовать себя некомфортно, чтобы создать свободу в этой области? Если да, давайте сделаем что-то немного странное: посмотрим, что вы действительно *любите* в том, чтобы быть в долгах.

«Что вам нравится в жизни с долгами и без денег?»

Это может показаться странным вопросом, но, когда у нас что-то происходит в нашей жизни, что мы якобы ненавидим, часто в этом есть что-то, что мы тайно любим, на что мы не смотрим. Если вы готовы задавать вопросы, вы можете признать, что вас удерживает. Если вы это не признаете, то не сможете это изменить.

• Что вы любите в том, чтобы быть долгах на эту сумму? Это сумма долга, которая вам удобна? Удерживает ли вас это в ограниченной финансовой реальности? Заставляет ли вас это оставаться таким же, как и все остальные?

• Что вы любите в том, чтобы не иметь денег? Означает ли это, что вы не выделяетесь среди членов вашей семьи? Если бы у вас были деньги, вы полагаете, что ваша семья потребовала бы от вас их отдать?

• Что вы любите ненавидеть в том, чтобы не иметь денег (из-за отсутствия денег)? Это дает вам что-то, на что можно жаловаться, рассказ или оправдание, на которое вы можете опереться, вместо того, чтобы просто изменить его?

• Что вы ненавидите любить в том, чтобы не иметь денег (из-за отсутствия денег)? Вам сказали, что неправильно любить деньги? Деньги - «корень всех зол»? Вы осуждаете свой выбор не иметь денег? Могли бы вы не осуждать себя и осознать, что у вас есть другой выбор теперь?

- Какой выбор вы можете сделать сегодня, что создаст больше сейчас и в будущем?

Возможно, вам не очень удобно задавать себе эти вопросы. У вас может возникнуть соблазн больше судить себя. Пожалуйста, не надо. Что, если осознание всех сумасшедших штук, которые мы решили, что любим по поводу того, чтобы быть в долгах - является действительно ключом к изменению этого, просто взглянув на него без суждения и понимая, что иногда мы просто симпатичные и не очень яркие, - а затем признавая, что вы можете сделать другой выбор? Что если это не плохо? Что, если бы вы могли быть благодарны за ваше мужество смотреть на это?

Я расскажу вам рассказ об одной из моих безумных точек зрения о деньгах и долгах, которые я использовала, чтобы у меня не было денег. Я люблю своего отца. Он был действительно добрым человеком. Он часто говорил, что он не умрет, пока не сможет убедиться, что его семья получила образование и была обеспечена финансово. Все, что он делал как человек, было направлено на то, чтобы создать безопасную и надежную жизнь для его жены и детей. Я не хотела, чтобы мой папа умирал, потому что я так сильно его любила. И вот моя мать, братья и сестры были финансово устойчивы, и все мы получили хорошее образование. Единственная, у кого не было всего этого, была я. Я поняла, что, хотя я была вполне способна создать великое финансовое будущее, я устроила себе сплошной финансовый беспорядок, потому что думала: «Пока у меня проблемы с долгами и деньгами, мой папа не умрет». Теперь, глядя на это логически - это довольно безумная точка зрения, не так ли? Но это то, что я делала. К счастью, мой папа все еще был жив в этот момент, и я поговорила с ним об этом. Он сказал на своем литовском акценте: «Ах, Симон, то, что ты делаешь – это безумие», и я сказала: «Я знаю!» Я начала менять ситуацию со своими долгами с этого момента. И я также увидела, как радость и счастье в его мире увеличивались, когда я начала строить для себя лучшую финансовую реальность. Проще говоря: *я начала получать*.

Вы готовы осознать, какой бы вы хотели, чтобы была ваша жизнь? Готовы ли вы выйти за пределы своих зон комфорта с долгами и деньгами и начать процветать, а не просто выживать?

БУДЬТЕ ГОТОВЫ ВЛАДЕТЬ ДЕНЬГАМИ

Однажды один друг мне сказал: «Я очень хорошо создаю себе отсутствие денег. И когда я действительно создаю и генерирую деньги, у меня появляется ложное ощущение богатой жизни. Я много трачу. Мне надо выплатить много долгов, но я не делаю их приоритетными. Вместо этого я трачу деньги, чем быстрее, тем лучше, а потом я снова в ловушке. Что это и как я могу это изменить?»

Существует множество таких людей. Им нравится *тратить* деньги больше, чем *иметь* деньги. А вам нравится иметь деньги? Или для вас важнее всего в жизни их потратить? Вы всегда находите, куда спустить деньги? Вы выплачиваете свои кредитные карты и думаете «Прекрасно! У меня есть еще 20 тысяч долларов (или какой там у вас кредитный лимит), чтобы потратить?»

Нас приучили, что ценность владения деньгами в том, чтобы их потратить или накопить, чтобы потратить позже. Но мы редко говорим о том, чтобы *иметь* деньги, и как это может положительно повлиять на нашу финансовую реальность.

«Существует разница между владением деньгами, их тратой и сбережением».

Гэри Дуглас говорит, что он всегда принимает на работу тех, кто готов иметь деньги, независимо от того, есть ли они у них сейчас или нет. Он знает, что те, кто готов иметь деньги, (независимо от того, есть ли у них сейчас много денег или нет) будут зарабатывать деньги для себя и для бизнеса, но, если они не готовы иметь деньги, этого не произойдет.

Мне потребовалось какое-то время, чтобы я была готова владеть деньгами. Я прекрасно создавала деньги. У меня были бизнесы, которые теряли деньги и которые приносили доход. Я всегда создавала деньги, независимо ни от чего, даже когда я была в долгах. Я могла делать деньги, копить их и тратить. Однако, то, что я была не готова делать – это просвещать себя по теме денег. Я думала, что неведенье – блаженство. Звучит знакомо?

Однажды я вместе с подругой за ночь создала бизнес, который был связан с продажей банок геля с блестками; так мы могли ходить по всем вечеринкам в течение праздника Марди-Гра в Сиднее. Когда я хотела поехать за границу, я много и тяжело работала, у меня было 3 работы и я копила все свои деньги для путешествия; и куда бы я не ехала, я хваталась за любую работу, чтобы продолжать путешествовать. И тем не менее, я не разрешала себе действительно *иметь* деньги.

Я была не сильно экономна, я тратила деньги на то, что мне нравилось, я не отказывалась провести выходные с друзьями в Мельбурне, я была щедра и мне нравилось покупать также что-то для других. Я не была тем человеком, который бы громко жаловался о своей финансовой ситуации, но тем не менее, я не разрешала себе иметь деньги.

ТАК ЧТО ЖЕ ТАКОЕ ИМЕТЬ ДЕНЬГИ?

Иметь деньги – означает быть готовым позволить деньгам присутствовать в вашей жизни таким образом, чтобы они у вас всегда были, и это способствовало расширению вашей жизни. Это не значит делать деньги значимыми. Это игра с деньгами, готовность получать, и это значит позволить деньгам сделать вклад в вашу жизнь.

Прекрасный пример этому – я раньше всегда носила бижутерию. Она красиво смотрелась, у меня были интересные украшения, но в тот момент, когда я выходила за пределы магазина после покупки, их стоимость падала и была меньше 50% от той суммы, которую я за них только что заплатила. Однажды я купила бусы, сделанные из пузырькового жемчуга. Этот жемчуг сейчас чрезвычайно редок, в океане он больше не встречается. Благодаря своей существенной стоимости и редкости в мире, эти бусы продолжают увеличивать свою ценность. Теперь в моей жизни есть эти бусы, которые не просто стоят больше, чем я за них заплатила, но это еще и красивый и удивительный экземпляр ювелирного украшения. Они эстетически красивы, и я чувствую себя чудесно, когда их ношу. Это та самая энергия, которую создает наличие денег в вашей жизни.

Владеть деньгами в жизни – это не только их создавать и не тратить. Когда вы действительно готовы иметь деньги, вы готовы их использовать, чтобы создать еще больше.

У меня есть друг, который всегда старается *сберечь* деньги для компаний, на которые он работает. Он потрясающе умен во всем, связанным с технологиями, и работал на крупную компанию, ездил с ними в командировки и брал на себя в поездках заботу об их аудио- и видеотехнике, куда бы они не поехали. После каждого мероприятия он паковал все оборудование и перевозил его в другую страну или город, и это создавало ему большое количество работы. В какой-то момент хозяин компании ему сказал: «Я хочу, чтобы ты прикупил больше оборудования, чтобы оно у нас было в Европе, Америке, Австралии и Азии. Таким образом нам больше не придется везде возить его с собой и волноваться об этом». Прошло два года, и он так ничего и не купил. Никто ни задумался об этом, пока в конце концов однажды хозяин не спросил: «Я же хотел два года назад, чтобы ты купил еще оборудование. Что произошло?»

Он сказал: «Я старался сэкономить твои деньги, ведь все оборудование такое дорогое».

Посмотрите на энергию от экономии денег и перевоза оборудования по всем странам. А потом посмотрите на энергию иметь готовое оборудование в каждой стране. Какая из них будет способствовать росту и расширению бизнеса с легкостью?

Вы тот, кто спрашивает: «Как я могу сэкономить деньги?» Какова энергия этого вопроса? Есть ли в нем энергия генерирования? Как вам кажется, это расширяет ваш выбор или наоборот, сужает его? Теперь взгляните на энергию этих вопросов: «Что нужно, чтобы генерировать больше денег?» «Какой энергией мне следует быть, чтобы с легкостью это создать?»

Вы стараетесь на чем-то сэкономить? Попробуйте спросить: «Если я потрачу эту сумму, которую стараюсь сэкономить, создаст ли это больше на сегодняшний день и в будущем?» Я не хочу сказать, что вам надо пойти и купить новый кабриолет БМВ, если вам его так хочется. Я предлагаю вам взглянуть на то, что будет больше для вас генерировать. Если что-то этому способствует, тогда да, потратьте эти деньги.

Что было бы, если бы у вас в жизни были деньги, которые являлись вкладом в вашу жизнь? Что было бы, если бы у вас в жизни были вещи, обладающие существенной ценностью, которая только увеличивается со временем?

Представьте себе два дома: один, меблированный предметами из дешевого современного мебельного магазина. Он чист и красив, как картинка из каталога, и все в нем стоит меньше 50% от того, что вы за это заплатили. А второй дом обставлен различными красивыми вещами – серебром, хрусталем, антиквариатом, картинами и мебелью, все элементы которого не только обладают уникальной и эстетической ценностью, но и в дополнение к этому оцениваются как минимум во столько же или даже больше, чем вы за них заплатили. Какой дом создаст большее ощущение красоты и богатства в вашей жизни? Что если бы вы могли использовать создание эстетики и обладание различными вещами в своей жизни таким образом, чтобы это помогло вам иметь больше денег, сейчас и в будущем? Здесь речь идет не об осуждении, это связано с осознанием и созданием того будущего, которое вы желаете иметь.

Вы позволите деньгам постоянно присутствовать в вашей жизни и продолжать расти?

Во второй части книги я дам вам несколько практических инструментов, как иметь деньги в своей жизни. На самом деле иметь деньги – это достаточно просто. Вы готовы владеть деньгами и позволить им способствовать вам совершенно иным образом?

ПЕРЕСТАНЬТЕ ИЗБЕГАТЬ И ОТКАЗЫВАТЬСЯ ОТ ДЕНЕГ

Есть ли в вашей жизни моменты, когда вы отказываетесь или избегаете смотреть на свою финансовую ситуацию? Есть ли у вас достаточно веские причины, чтобы отказываться делать простые и легкие вещи, чтобы создать больше денег? Везде, где мы избегаем быть предельно честными, это места, где мы отсекаем и отказываемся от того, что дало бы нам больше возможностей и лёгкость перемен.

Я беседовала с клиентом, и он сказал: «Я думаю о своих долгах каждый день, потом я стараюсь это от себя отодвинуть и надеюсь, что все как-то само пройдет». Многие из нас поступают таким образом.

Когда я была в долгах, я постоянно и настойчиво избегала смотреть на то, что происходит с моей финансовой ситуацией, пока в конце концов я не выбрала послушать Гэри и Дэйна и не начала использовать инструменты Access Consciousness. Уход от осознанности с деньгами никогда не создает пространство, с которого вы можете рассмотреть имеющийся выбор, это всегда создает такую нечеткую и неясную область, где вы не вдохновляете себя на то, чтобы взглянуть на происходящее или на то, как вы можете это изменить.

Моя подруга потрясающе учит своих детей обращаться с деньгами. Один раз она дала своему 10-тилетнему сыну 20 долларов, чтобы он пообедал вместе со своими друзьями. Позже она узнала, что в итоге заплатила мама другого ребенка. Моя подруга спросила, почему он не заплатил сам, и он признался, что потерял деньги еще до того, как приехал на обед. Тогда она его попросила объяснить той другой маме, что он собирался заплатить за обед, но потерял деньги. Она знала, что та мама была не против заплатить сама, это не означало, что кто-то был неправ. Это касалось признания того факта, который произошел, не исходя из какой-то точки зрения или суждений о ситуации, а исходя из того, чтобы ее ребенок осознал то, что он создал, а не притворялся, что этого не произошло. Вам следует осознавать, а не прятаться от фактов и не избегать их. Речь не идет об осуждении. Если вы готовы это не игнорировать, вы будете готовы быть более осознанными в будущем. И с этой осознанностью вы вдохновитесь на то, чтобы делать выбор, который вы действительно хотите сделать, который создаст в вашей жизни больше, а не меньше.

«Вы живете во вселенной, где нет выбора?»

Я избегала отношений в течение многих лет. Я говорила: «Я не вступаю в отношения, я не нахожусь в отношениях, я никогда не выйду замуж и не заведу детей». Я смотрела по сторонам и не видела таких отношений, которые бы работали. Я не видела людей, которые бы выглядели так, будто им хорошо в отношениях, поэтому моя точка зрения (заключение) была: «Я не вступаю в отношения!»

С этим решением, я закрыла всё, что было возможно. Я создавала вселенную без выбора и реальность без выбора. Однажды, я поняла, что это именно то, что я выбирала и начала спрашивать: «Что если я буду готова к отношениям? Что если я буду готова получить эту возможность?» Я отпустила всё, что я решила и заключила по поводу отношений, потому что я увидела, что все эти предположения создавали ограничения для меня. Везде, где мы уходим в заключения, мы создаем ограничения, которые разделяют нас с безграничными возможностями, которые доступны. Забавная вещь в том, что сейчас у меня есть отношения со сказочным партнером, и он пришел вместе с ребенком и собакой – семья образовалась мгновенно. И они все являлись и являются таким вкладом в мою жизнь, что я даже не могла себе и представить. Если бы я продолжала отказываться от возможности отношений в моей жизни, я бы не получила главного вклада, щедрости и энергии, которыми они для меня являются, включая создание большего количества денег и богатства.

То, о чем я говорю здесь, - это смотреть на энергию, которая дает вам выбор в вашей жизни. Когда вы избегаете чего-то, отказываетесь или не желаете что-то иметь, это не позволяет вам выбирать больше или создавать больше. Вы должны быть готовы посмотреть, где вы создаете вселенную без выбора, и быть готовы ее изменить.

*«Что самое худшее может случиться,
если вы не будете избегать денег?»*

Вы избегаете чего-то нового, что может сделать вам денег? Сколько раз у вас появлялись ситуации, где вы могли сделать денег, и вы говорили: «Нет, у меня нет времени на это. Я не могу туда пойти. Я не мог этого сделать»? Вас когда-нибудь просили сделать что-то, и вы думали: «У меня нет способностей сделать это», отказывались и избегали этого вместо того, чтобы рискнуть? Что если бы вы спросили себя: «Какая самая худшая вещь может случится, если я не буду избегать этого и просто выберу?» Выбор создает осознанность.

Если, например, вы избегаете публичных выступлений, и вы спросили бы: «Что самое худшее, что могло бы произойти, если бы я действительно публично выступал?» Вы могли бы спросить: «Хорошо, я мог бы замереть и забыть, что я собираюсь сказать. Неужели это было бы так плохо?» И тогда вы могли бы сказать: «Если бы это случилось, я мог бы просто стоять там, смотреть на толпу и улыбаться». Людям нравится ваша уязвимость, когда вы являетесь собой, и, если вы ничего не избегаете, легче быть собой в любой ситуации. Вы получаете больше от вас, независимо от того, что происходит, потому что вам не нужно крутиться и изворачиваться или прятаться, чтобы чего-то избежать. Что определенно создаст больше денег в вашей жизни, это когда вы становитесь больше собой.

Вы избегаете вашего долга? Где вы избегаете денег? Какие замечательные, великие и творческие части вас вы отказываетесь проявлять в мире с этим избеганием?Что вы решили, самое худшее, что может произойти, если вы этого не избежите? Что может измениться, если вы будете готовы иметь полное осознание своей финансовой реальности?

БЛАГОДАРНОСТЬ

Одним из самых волшебных инструментов для изменения вещей в жизни является благодарность.

Благодарность часто упускается из виду, но она обладает силой изменить вашу точку зрения динамически. Благодарность имеет такой естественный эффект, чтобы вывести вас из суждений. Благодарность и суждение не могут сосуществовать. Вы не можете судить и иметь благодарность. Вы когда-нибудь замечали, как невозможно быть благодарным, когда вы что-то судите или кого-то? Когда у вас есть благодарность, вы выходите из суждения. И, как мы уже говорили ранее, суждение – это о том, как мы создаем наши самые большие ограничения.

Когда вы получаете деньги, какова ваша мгновенная точка зрения? Вы благодарны за каждый доллар, каждый цент, который приходит в вашу жизнь, или вы склонны думать: «Это не так много», «Это покроет этот счет», «Хотелось бы, чтобы у меня было больше»? Что если всякий раз, когда поступают деньги, и когда деньги уходят, вы были бы благодарны - себе за создание их, деньгам за то, что они проявились и за то, на что вы их тратите? Каково это было бы, если бы у вас действительно было больше благодарности за деньги?

Что, если для любых денег, которые приходят, вы бы практиковали говорить: «Спасибо, я так рад, что они появились! Могу ли я получить больше, пожалуйста?» И что, если за любые деньги, которые вы потратили, и за каждый оплаченный вами счет вы были бы одновременно благодарны и готовы просить больше: «Отлично, я так рад, что у меня есть электричество еще на месяц! И что потребуется, чтобы эти деньги вернулись ко мне в десятикратном размере?

Мне нравится задавать этот вопрос! Однажды я заплатила леди, которая сделала невероятный массаж ног для меня. Я ей была так благодарна и поблагодарила ее. Когда я передала деньги, я игриво сказала вслух: «Что понадобится этому, чтобы вернуться ко мне десятикратном размере?» Леди посмотрела на меня довольно странно. Позже она подошла ко мне и сказала: «Я не думала, что могу попросить деньги вернуться ко мне, когда я ими плачу. Я думала, что это будет неуважительно или что-то в этом роде. Но то, как вы это сказали, именно с такой благодарностью и радостью – это было таким приглашением. Я собираюсь использовать это со всем теперь!»

Когда вы готовы играть с деньгами, и готовы быть благодарны за деньги и за то, что вы создали, и не судите об этом, может появиться больше.

«Что если бы вы были готовы быть благодарны себе тоже?»

Когда вы не осознаете и не благодарны за деньги, которые приходят и уходят из вашей жизни, вы действительно отказываетесь признать и получить благодарность за вас. Что, если вы начнете признавать себя за то, что вы создали, что у вас есть, вместо того чтобы сосредотачиваться на том, чего у вас нет? Когда вы обращаете внимание на то, что работает в вашей жизни, вы можете создать больше этого, и это начнет проявляться в большем количестве мест. Если вы обратите внимание на то, чего на ваш взгляд не хватает, вы увидите только недостаток, и дефицит будет расти.

У вас должна быть благодарность за все, что вы создаете, хорошее, плохое и уродливое. Это означает, что вы никогда не приходите к заключению, независимо от того, что проявляется. Сколько выборов вы осудили, потому что решили, что потеряли деньги, или вы сделали неправильный выбор? Откуда вы знаете, что выбор не был именно тем, что позволит вам создать что-то еще более великолепное в будущем? Если вы осуждаете это, вы не сможете увидеть дар вашего выбора, и вы не позволите себе получить возможности, которые теперь доступны из-за этого. Если у вас есть благодарность, вы получите совершенно другую реальность.

Я благодарна всем людям, которые работают с «Радостью бизнеса» (один из принадлежащих мне бизнесов, который делает мне деньги и изменяет мир). Мы создаем бизнес из радости и любопытства к тому, что возможно создать, а не от правильного выбора или избегания неправильного.

Когда кто-то делает выбор, который не работает так хорошо, как хотелось бы, мы не отказываемся от радости созидания в бизнесе и благодарности друг другу только потому, что не получилось так, как мы надеялись. Мы спрашиваем: «Что в этом правильного?», и мы смотрим, что еще возможно, что мы еще не рассмотрели. В тот момент, когда вы судите, это уменьшает возможности. Благодарность, однако, увеличивает их.

Если у вас есть благодарность за то, что создали люди, то большее может появиться в вашей жизни и в их жизни. Если вас радует то, что вы создаете и делаете, появится больше денег.

«Вы благодарны, когда что-то слишком легко?»

Несколько лет назад я принимала участие в антикварном мероприятии, которое проводил мой друг. Я предложила ему помощь: брать деньги за купленные предметы, записывать квитанции, общее управление. Я делала это, потому что хотела внести свой вклад в его развитие и рост его бизнеса.

После мероприятия я получила электронное письмо, в котором говорилось, что он заплатит мне процент от продаж. Я ответила: «Спасибо, но я не хочу денег за это. Серьезно, я была счастлива посодействовать».

Мой друг ответил мне, сказав: «Будь благодарна за деньги».

Я подумала: «Ну, я благодарна за деньги», но я также могла видеть свое нежелание их получить, и я поняла, что моя точка зрения заключается в том, что я недостаточно усердно трудилась, чтобы получить деньги. Находиться там было для меня, как быть на вечеринке. Я пила шампанское из серебряного бокала, проводила платежи через платежный терминал для кредитных карт и выписывала чеки. Мне было весело. И мне за это платят?

Я рассказала Гэри Дугласу об изменениях во взгляде и о том, насколько сильно это раскрыло мой мир, и он ответил: «Когда деньги приходят легко, и ты благодарна, ты на пути к тому, чтобы иметь будущее с большим количеством возможностей».

Какие великие возможности для будущего вы могли бы создать для своей жизни, позволяя деньгам легко и радостно проникать в вашу жизнь и благодаря за каждый цент, который появляется?

Глава 3

Как создать новую финансовую реальность прямо сейчас?

Что если бы у вас не было точек зрения о деньгах? Что если бы у вас не было суждений? Не было финансовых крахов? Не было ограниченной финансовой реальности? Что если бы вы просыпались и начинали каждый день со свежего старта? Что бы вы создали? Что бы вы выбрали?

Если вы действительно хотите создать финансовую реальность, которая отличается и превосходит ту, которая у вас есть в настоящий момент, вам придется взглянуть на выбор, совершаемый вами сейчас, и если он не ведет вас в направлении, в котором вы действительно желаете идти, измените его! Каждый выбор, который вы делаете, что-то создает. Что вы желаете создать своим выбором?

Важно помнить, что это не касается правильного или неправильного выбора. Речь идет о том, чтобы сделать иной выбор.

Я много говорю о бизнесе с людьми по всему миру. Когда дело доходит до того, чтобы сделать выбор, я на самом деле исхожу из: «Нет правильного и неправильного выбора, есть просто выбор». Некоторые из моих наихудших «ошибок» явились для меня величайшими дарами, поскольку позволили мне увидеть, кем я могу быть и что я могу сделать по-другому, что будет работать для будущего, и это, возможно, потребовало бы от меня гораздо больше времени, чтобы осознать, что было бы, если бы я не сделала этот выбор. Я могу видеть, что все мои выборы делают вклад в лучшее будущее, поскольку мой мозг не зациклен на: «Вот, это был неправильный выбор, другой выбор был бы верным». Что если вам больше никогда и не надо было бы делать что-либо правильно или избегать неверных поступков?

Как часто спрашивает мой мудрый друг Гэри: «Вы предпочли бы быть правым или свободным? Невозможно быть и тем и другим!»

Если вы готовы быть неправым и отказаться от нужды быть правым, мы можете выбрать все, что угодно, создать абсолютно все.

«Страдать или не страдать?»

Много лет назад я собиралась на обед с друзьями, и я была раздражена и сердита. Пока мы шли к ресторану, друг меня спросил: «Почему ты это выбираешь?» Я сказала: «Вовсе я это и не выбираю!» По пути я шагала и все время думала: «Я это не выбираю! Вовсе нет! Постой-ка, неужели я правда это выбираю? Я могу это изменить?» Мой мир вокруг тут же почувствовался легче. К моменту, как мы дошли до ресторана, я сказала другу: «Здорово. Я поняла. Я *правда* это выбираю. Я выбираю раздражение!»

Множество людей не задумываются, что у них есть выбор быть грустным, счастливым, раздраженным или спокойным. Нас научили верить, что внешние обстоятельства создают то, как мы себя чувствуем касаемо чего-то, но на самом деле это просто выбор. Вы должны научить себя распознавать, что у вас есть выбор, даже в ситуациях, где вы бы обычно предположили, что его там нет. Что если бы вы начали смотреть на все ситуации, в которых вы думали, что у вас нет выбора, и спрашивали: «Так, если я напрягу здесь свою «мышцу выбора» и не буду притворяться, что здесь у меня выбора нет, что я могу выбрать прямо сейчас?»

С деньгами то же самое. Если в настоящее время вы расстроены по поводу денег или страдаете из-за денег, осознайте, что это ваш выбор, вы это так создаете. *И вы можете выбрать что-то другое!*

Также не имеет значения, есть ли у вас уже развитый бизнес или работа с зарплатой, ищите ли вы работу, сидите дома с ребенком или вышли на пенсию. Вы не обязаны иметь много (или хоть сколько-то) денег, чтобы начать менять свою финансовую реальность. Вы не должны иметь конкретный план, вам нужно только начать. Вам просто нужно выбрать.

Вы этой главе книги мы более конкретно рассмотрим элементы, которые помогут вам не мешать самим себе и добавят большую ясность и легкость в совершении различного выбора с деньгами: а именно как поддержать самих себя, как отказаться от объяснений и причин, почему у вас нет денег, как быть честными с собой и доверять своему знанию.

БУДЬТЕ ГОТОВЫ ДЕЛАТЬ ВСЕ, ЧТО ПОТРЕБУЕТСЯ

Инструменты для денег в этой книге прекрасны, но, чтобы их эффективно использовать, чтобы изменить то, что уже не работает, вам нужно самим поддержать себя тремя способами:

1. Вы должны действительно посвятить себя своей жизни.

2. Вы должны требовать от себя быть и делать все, что потребуется.

3. Вы должны быть готовы выбирать, терять, создавать и менять все.

«Что если обязательство никогда не предавать себя – будет вашим высшим проявлением доброты по-отношению к себе?»

Ответственное отношение к своей жизни не означает, что вы должны заковать себя в смирительную рубашку или всегда придерживаться одного конкретного плана. Это означает: никогда не сдаваться, никогда не отступать и никогда не бросать. Вы готовы посвятить свою жизнь себе? Вы готовы от себя не отказываться?

Мой партнер Брэндон и я, оба посвящаем себе свою жизнь, прикладываем усилия по созданию отношений, которые для нас работают. Мы это делаем, каждый день выбирая наши отношения, а не создавая из них обязанность, которую нужно поддерживать всю жизнь. Мы делаем выбор создавать для нас обоих лучшее будущее, но мы никогда не ожидаем, что то, что мы выбрали установлено навсегда и это невозможно изменить. Когда мы думали о покупке совместного дома, я изначально была настроена против, поскольку сделала вывод, что тогда нам придется провести свой остаток жизни вместе из необходимости. Брэндон сказал: «Мы всегда можем продать дом», и я сказала: «Да, верно!» Владение домом не означает, что мы должны быть вместе вечно, это все же выбор, это бизнес-сделка. Быть приверженными себе не означает обязательство никогда не менять наш выбор. Это означает, дать себе обещание, что мы будем уважать себя и друг друга достаточно для того, чтобы мы могли позволить себе менять свой выбор, когда что-то больше не работает.

Приверженность себе означает быть готовыми отправиться в приключение по жизни, продолжать выбирать то, что для вас работает, даже если это некомфортно, и даже если это означает, что нужно делать изменения и выбор, которые больше никто (включая вашего партнера, семью или друзей) не понимает. Приверженность себе может вывести вас за пределы зоны комфорта, особенно потому, что многие из нас приучены отказываться от того, что мы бы действительно хотели выбрать, чтобы приспособиться ко всем окружающим. Вы должны быть готовы проявляться другими, теми, кто вы действительно есть, независимо от того, что думают, говорят или делают окружающие.

«Вы ничего не можете требовать ни от кого и ни от чего, кроме себя»

Выставлять себе требования означает, что вы понимаете, что независимо ни от чего, у вас будет все, что вы пожелаете в этой жизни.

Вы начинаете создавать свою жизнь, когда в конце концов требуете: «Независимо от того, какие усилия мне придется приложить, и как это будет выглядеть, я буду творить свою жизнь. Я не буду жить в чужой реальности и по чужим принципам. Я буду все создавать свое!»

Несколько лет назад, когда я впервые начала ездить с классами Access, я не всегда могла позволить себе отель, и поэтому я останавливалась в домах других людей. Однажды я остановилась в таком доме, где было не очень чисто. Как только я вышла из душа, мне тут же захотелось помыться еще раз. Я потребовала: «Это мне не подходит. Мне нужно иметь возможность зарабатывать больше, чтобы у меня был выбор останавливаться там, где я захочу».

Я начала останавливаться в номерах отелей вместе с другими людьми и делить стоимость пополам. Затем я поняла, что и это тоже не то, что я желаю. Мне нравилось останавливаться в номере одной. Я обожала иметь свое пространство. Когда вы требуете, то создаете определенную энергию, вы не уходите в ограниченную реальность сомнений и дефицита.

Множество раз я выдвигала требование, чтобы что-то проявилось, но я не знала, как это будет выглядеть. И тем не менее, каждый раз я требовала: «неважно, что для этого будет нужно» и «неважно, как это будет выглядеть». Я не знала, как именно я наберу достаточно денег, чтобы останавливаться в отелях, когда путешествую, но я точно знала, что была готова сделать все, чтобы так оно и было.

«Будьте готовы выбирать, терять, создавать и менять все, что угодно»

Когда вы готовы выбирать по-другому, то вы готовы становиться осознанными и получать информацию от окружающих людей и вещей, и у вас есть возможность измениться в мгновение ока, если это создаст для вас больше. Вот так: «Ой! Еще информация! Здорово, давайте так и поступим». По мере того, как вы выбираете, вы можете обнаружить, что вещи обстоят не так, как вы изначально думали. Вы готовы осознать новую информацию, и необходимость провести изменения, или вы стараетесь придерживаться своего изначального выбора, даже если он больше не работает? Или вы делаете небольшие перестроения, а потом удивляетесь, почему ничего не меняется?

Совершать небольшие сдвиги, но тем не менее продолжать по сути делать то же самое (словно носить одну и ту же рубашку каждый день и стараться придать ей новый вид, не меняя ее) не приведет вас к другому результату.

Определение безумия Эйнштейна – делать одно и то же и ожидать при этом другого результата. Вам нужно изменить то, как вы сейчас работаете, чтобы создать другой результат.

Мы останавливаем себя от готовности делать все, что потребуется, чтобы иметь другую реальность и финансовую реальность, когда мы действуем так, как будто в нашей жизни есть что-то фиксированное и неизменное. Мы создаем что-то неизменное, когда думаем: «Так оно и есть».

Что вы создали как неизменяемое? Что для вас незыблемо? Что вы считаете ценным, постоянным и прочным? Владеть домом? Иметь долгосрочный брак? Владеть собственным бизнесом? Оставаться на работе? Быть в долгу?

Вы держитесь за любую часть своей жизни, как если бы она была постоянной структурой? Я сделала это с бизнесом. Я продолжала заниматься бизнесом, который я продолжала создавать гораздо дольше, чем я хотела им заниматься. Я пробовала делать что-то по-другому в своем бизнесе, когда он начинал разваливаться, но я не была готова делать что-то совершенно другое и продавать свой бизнес, потому что я думала, что должна делать то, что все говорят, и вести свой бизнес как можно дольше.

Что вы решили, у вас нет возможности менять? Чувствуете ли вы себя, как будто у вас нет выбора по отношению к своему финансовому положению, отсутствию денег, долгам или финансовым перспективам? Вы взяли на себя обязательство поддерживать финансовые структуры, которые вы создали в своей собственной вселенной, вместо того, чтобы делать что-то совершенно другое? Продолжаете ли вы пытаться измениться, но ничего не работает? Что вы не делаете, что, если бы вы сделали нечто другое, изменило бы все это?

Однажды я спрашивал об этом в классе, и кто-то сказал: «Большую часть времени я принимаю меры только тогда, когда испытываю настоящую боль, и как только я выхожу из боли, я перестаю двигаться вперед. Вчера я поняла, что денег, которые у меня есть, недостаточно, чтобы оплачивать счета, которые придут. Я вдруг почувствовала необходимость и решила что-то сделать по этому поводу. Я всегда так делала. Я не предпринимаю никаких действий без явной необходимости. Это как будто я мотивирована только болью».

Если бы эта женщина была готова сделать что-то другое и быть чем-то другим по своему выбору, она могла бы смотреть на то, как она работает в целом с точки зрения «мотивации из недостатка» и спросить: «Подожди, вот что я всегда делала. Что, если я начну работать совершенно по-другому? Что создало бы для меня больше?» Но если она только хочет спросить: «Что мне делать, чтобы оплачивать счета на этот раз?» - не глядя на структуру, из которой она работает, тогда она будет делать что-то немного по-другому, и не сможет изменить свою реальность с деньгами в долгосрочной перспективе.

Другой человек сказал: «Мне трудно контролировать использование моей кредитной карты. Кажется, что использование карты - единственный способ получить деньги. Кажется, у меня нет иного выбора». Если бы этот человек сказал: «Сегодня я не могу использовать свою кредитную карту, мне нужно получить кредит», -это было бы о том, как делать то же самое немного иначе. Если бы он запросил: «Я собираюсь на самом деле создать больше денег сейчас и в будущем. Я больше не живу так. Что мне нужно предпринять сейчас, чтобы изменить это?», он сделал бы другой выбор, который позволил бы ему создать за пределами ограниченной точки зрения о деньгах, в которой он застрял.

Вы должны быть готовы потерять все те места, все эти структуры, все те вещи, которые вы сейчас считаете постоянными и неизменными. По правде говоря, нет ничего, что нельзя изменить.

Я знаю, что везде, где я что-то делаю постоянным созиданием в своей жизни, я могу выбрать что-то еще. Я могу сказать: «Это не работает для меня. Я больше не собираюсь это выбирать».

Готовы ли вы отказаться от того, что решили, что вам нужно иметь, делать, и вы не можете или не должны потерять? Что если готовность потерять их было началом тотального выбора? Что если вы готовы потерять каждый цент, который у вас есть? Что если бы вы могли создать гораздо больше денег, чем когда-либо имели раньше, с абсолютной легкостью?

Если вы пытаетесь что-то изменить в своей жизни, и это не меняется, взгляните на то, где вы, возможно, делаете одно и то же по-другому, вместо того, чтобы выбрать что-то совершенно другое. Что вы должны были делать по-другому и кем быть, чтобы по-настоящему изменить свою финансовую реальность?

ОТКАЖИТЕСЬ ОТ СВОИХ ЛОГИЧЕСКИХ И СУМАСШЕДШИХ ПРИЧИН, ЧТОБЫ НЕ ИМЕТЬ ДЕНЬГИ

Возможно, вы заметили, что я уже несколько раз использовала слова «заключение», «решение» и «суждение». Знаете ли вы, что *заключение* происходит от слова, которое означает «заткнуться или закрывать»? Это именно то, что заключение делает в нашей жизни. Оно заключает вас в суждение или решение, которое вы приняли, и оно не позволяет вам получить какую-либо другую возможность или увидеть любой другой выбор. Это похоже на то, чтобы вставить ногу в ведро мокрого цемента, а затем пытаться куда-то пойти. Вы не можете этого сделать. Вы пришли к выводу, что это то, где вы находитесь, и вы не можете это изменить, если только не отпустите эту точку зрения.

Мы покупалась на миллион историй о деньгах, и столько же историй передали дальше. Многие из тех историй, в которые мы искренне верим, правильны и реальны, и это те, к которым мы любим возвращаться и пересказывать их себе снова и снова, вместо того, чтобы просто спросить: «Вау, я покупаюсь на такую интересную историю. Что если это не правда? Интересно, что еще здесь возможно?»

Когда мой друг был маленьким ребенком, его родители проецировали на него, что богатые люди несчастливы. Они возили его посмотреть на действительно хорошие дома по соседству, и он спрашивал: «Можем ли мы переехать сюда, пожалуйста?», и его родители говорили: «Нет, мы не можем себе этого позволить. В любом случае, богатые люди несчастливы». Он отвечал: «Ну, почему мы не можем просто попробовать и посмотреть?» Ему также говорили, что он не должен есть в доме мексиканской семьи по соседству, потому что у них было меньше денег, чем у его семьи. Конечно, когда эта семья позже купила свободное место по соседству и построила там квартирный комплекс, мой друг понял, что его мать рассматривала их как людей, у которых якобы был меньший достаток, по причине того, откуда они приехали, что у них были куры, которые бегали на заднем дворе, и что они выращивали собственные фрукты и овощи.

Почти у всех есть такие истории, которые они могут рассказать, и другие сумасшедшие точки зрения, которые постоянно крутятся у них в головах и мешают им иметь другую финансовую реальность.

Помните рассказ о моем папе? Он говорил нам, что он умрет счастливым, когда узнает, что мы (мой брат, мои сводные сёстры, моя мать и я) будем в финансовой безопасности. Я не хотела, чтобы мой папа умирал, и где-то в своем мире я думала, что если я создам себе долги, то он не уйдет. Это была довольно таки сумасшедшая точка зрения, и когда я поняла, что делаю, я отказалась от нее и изменила то, что делала с деньгами, и это начало проявляться в моей жизни самыми странными и неожиданными способами.

Какая финансовая реальность была спроецирована на вас в детстве? Какие сумасшедшие точки зрения вы взяли и купились на них касательно обладания деньгами, отсутствия денег, создания денег, потери денег и многого другого? Что если вы могли бы отказаться от всего, что испытали или поверили в прошлом о деньгах, и вам больше не нужно продолжать проецировать это в свое будущее?

«Может быть пришло время отказаться от финансового насилия над собой?»

Родители моего друга говорили ему, начиная с трех или четырех лет, что это его вина, что у них не было денег. Он вырос, полагая, что ему нужно создавать деньги для своих родителей и братьев и сестер. Дети все осознают и хотят внести свой вклад. Когда в доме есть ссоры, беспокойства или энергетически скрытые тенденции относительно денег, не говоря уже об откровенно оскорбительных комментариях, дети берут их на себя.

Финансовое насилие может иметь разные формы, но это часто приводит к тому, что вы чувствуете, как будто вы не заслуживаете самых основных вещей в жизни. Это может проявляться, как жизнь из чувства нехватки или ощущения, будто вы являетесь финансовой «занозой» или бременем.

Финансовое насилие может также принимать форму родителя, удерживающего ребенка в зависимости и под контролем. Мы говорили об этом один раз в классе, и кто-то сказал: «Я просто понял, что моя мать хочет, чтобы я зависел от нее в финансовом отношении, чтобы она могла чувствовать себя достойной как мать. Я вижу, насколько моя реальность вокруг денег основана на желании и моей попытке удовлетворить ее желание чувствовать себя полезной и жизненно важной в этой роли. И для того, чтобы она почувствовала это, я должна быть бесполезной и зависимой».

Если кто-то требует от вас зависеть от них финансово, является ли это формой насилия? Да. Вы должны продолжать так жить? Нет, не должны. У вас есть другой выбор. Вы можете признать, что в прошлом вы подвергались финансовому насилию, и теперь можете выбрать, чтобы оно больше не управляло вашей жизнью. Вам не нужно делать это реальным, у вас есть, как минимум, около миллиона других выборов для вашей реальности с деньгами! И почти все они несут больше удовольствия. Как насчет того, чтобы выбрать какие-то из них?

«Вы используете сомнения, страх и вину, чтобы отвлечься от создания денег?»

Вы сомневаетесь, что можете сделать деньги? Вы боитесь, что их потеряете? Вы чувствуете вину или обвиняете себя в долгах? Вы злитесь на свой текущий финансовый статус? Вами завладели проблемы, и вы сосредоточены на них, вместо того, чтобы взглянуть на возможности, когда дело касается денег? Все это примеры того, что отвлекает наше внимание от того, чтобы находиться лицом к лицу с различными вариантами выбора и возможностями. Каждый создаваемый «отвлекающий фактор» - это негативные эмоции, в которых мы застреваем, желаем из них выбраться и твердо решаем, что освободиться не можем. Мы укрепляем их замечательной историей, объясняющей, почему с вами это происходит, чтобы вам никогда не пришлось это поменять. Вы будете говорить такие вещи как: «Я боюсь, потому что...» или «Я сомневаюсь, что могу это сделать, потому что...» Каждое «потому что» - это хитрый способ снова впасть в отвлекающее состояние, подкрепленное хорошей историей, чтобы можно было махнуть на себя рукой, и, таким образом, не менять, что происходит в этой сфере вашей жизни.

Когда вы застреваете в этих отвлекающих факторах или они уводят вас в сторону, на самом деле это ваш выбор себя осудить вместо того, чтобы выбрать иные возможности. Что если вы начнете распознавать, что отвлекающие факторы в вашей жизни – это всего лишь то, что отвлекает вас от самой жизни и от создания чего-то иного? Вы можете начать это менять, замечая отвлекающие вас мысли и эмоции, как только они будут появляться, и когда они проявятся, просто снова сделайте свой выбор, выбирайте задавать вопросы, выбирайте быть благодарными, а не осуждать, выбирайте понимание того, что они не являются реальными или истинными, это просто интересная точка зрения. Вы не обязаны их снова и снова проигрывать у себя в голове или в жизни, если конечно вы не получаете больше радости от того, что вас отвлекают, нежели от создания своей жизни и денег, которые вы желаете иметь.

БУДЬТЕ БЕЗОГОВОРОЧНО ЧЕСТНЫ С САМИМ СОБОЙ (ЭТО ГОРАЗДО ДОБРЕЕ, ЧЕМ ПРОЗВУЧАЛО)

Вы можете просить, чтобы проявилось что-то иное, вы можете просить создать свою собственную финансовую реальность, вы можете просить больше денег, большего финансового оборота и денежных потоков, чтобы проявилось всего побольше, однако когда вы тратите столько энергии на принижение себя, на осуждение себя и отказ признавать, каким вкладом в этот мир вы являетесь, вы не честны с собой – вы устраиваете огромную ложь против себя же самих, чтобы доказать, что вы на самом деле не настолько и значимы.

Собственно говоря, все моменты, где вы думаете, что вы неправы, это те места, где вы отказываетесь быть сильными. Неправда, что у нас чего-то не хватает, или мы что-то не можем, или с нами что-то не так, но правда в том, что мы отказываемся быть той силой и воплощать тот потенциал и способности, которыми мы действительно способны быть.

Однажды я была за рулем и везла Гэри и Дэйна на класс, и я была сильно рассержена, но притворялась, что это не так. Я вела машину не сильно аккуратно, наезжая на кочки на дороге на слишком большой скорости, и Гэри и Дэйн бились головами о крышу всякий раз, когда машина подпрыгивала на ухабах. Я отказывалась об этом говорить, но потом, на следующее утро, Гэри мне позвонил рано в 6 утра и сказал: «Приходи к нам в номер и давай мы все проясним». Я с ними проговорила целую вечность, почему же я была так сердита. Я продолжала повторять: «Я себя осуждаю, я на себя очень зла». Но ничего не поменялось и не стало легче. Не важно, сколько я это повторяла, это не резонировало со мной. По мере того, как мы продолжали говорить, и они задавали мне больше вопросов, я поняла, что на самом деле я осуждала их. Я решила, что они сделали глупость, наняв меня на работу. Когда я стала готова раскрыться (и да, мне тогда было некомфортно, но я рада, что это сделала), я смогла увидеть, что я делаю, и я смогла выйти из состояния злости и всем нам стало гораздо легче. Осуждая их как глупцов, я не только не была готова принять их участие, которое они желали мне оказать, я также была не готова разглядеть свой вклад в их жизнь, я не позволяла бизнесу расти. Когда я перестала их осуждать, гораздо большее стало возможным.

«Вы готовы не иметь барьеров?»

Одной из очень распространенных вещей, которая произошла после той беседы, было то, как некомфортно я себя чувствовала. Я сказала Гэри: «Я сейчас чувствую себя абсолютно отрезанной от тебя и Дэйна». Гэри спросил меня: «А ты создала свою связь с нами через осуждение?» Я поняла, что это было так. Затем он сказал: «Ну, теперь у тебя есть шанс создать свою связь, основываясь на единстве».

Большинство людей будут создавать свою связь с кем-то, основываясь на суждениях. Суждения создают барьеры и стены, которые позволяют нам прятаться от себя и от других.

Единство – это пространство без суждений. Это нечто совершенно иное. Лично мне вначале было крайне некомфортно. Я чувствовала себя такой уязвимой. Все мои барьеры были опущены, это было словно они могли видеть меня насквозь. Нас учат верить в то, что суждения, барьеры и стены, которые мы воздвигаем, могут нас защитить, но в реальности они прячут нас от самих себя. Если вы готовы не иметь суждений, не иметь барьеров и находиться в состоянии полной уязвимости, вы начнете замечать, что для вас возможно, что вы отказывались признавать ранее.

Вы должны быть предельно честными со всем, что создаете в своей жизни. Это единственный способ, как вы можете все изменить, иметь мужество признать: «Ладно, это не работает». Вы должны быть готовы обладать осознанием того, что реально у вас происходит. Создание своей собственной финансовой реальности касается осознания того, что действительно происходит, а потом следует выбрать, что же создаст для вас больше.

Что если быть с собой предельно честными означает быть настолько уязвимыми, чтобы больше никогда себя не обманывать?

Находиться в страхе – это огромнейшая ложь, которую мы против себя самих же и создаем. У вас правда есть страх в отношении денег, или потери денег или банкротства? У вас правда есть страхи? Или, когда случается нечто экстренное вы с ними справляетесь, а потом рыдаете, с тем, чтобы доказать, как все это было ужасно для вас?

Если вы готовы честно взглянуть на все происходящее и увидеть, что для вас истинно, независимо от того, насколько это ощущается сложным или напряженным, или насколько вы себя убедили в происходящем, это даст вам невероятное количество свободы.

Быть реально уязвимым не значит, что вы остаетесь слабыми, открытыми для нападения. Быть уязвимыми – означает быть словно в состоянии открытой раны и не иметь барьеров ни от кого и ни от чего, включая себя самих. Когда у вас нет блоков или защиты, то ничего хорошего или плохого не может вас поразить. Большинство времени мы воздвигаем барьеры, думая, что можем себя защитить, но что обычно случается, так это то, что мы себя загоняем в ловушку за этими стенами. Когда у нас есть стены, мы не просто отделяем себя от других людей, мы отделяем себя от того, что действительно истинно для нас. Если бы вы правда сбросили все свои барьеры, то какие из своих убеждений на тему ваших ограничений вам пришлось бы признать на самом деле, как ложные?

Кем бы вы действительно были, если бы вам больше никогда не нужно было бы защищаться или доказывать что-либо кому бы, то ни было? Когда вы судите себя и верите, что вы не настолько феноменальны, кем вы являетесь? Вы являетесь собой? Или вы являетесь кем-то, кого окружающие хотят в вас видеть? Что если с вами все не настолько хреново, насколько вы думаете? Что если с вами нет ничего такого, что нужно было бы прятать, преодолевать, избегать или защищаться от этого? Что если вы правда замечательны? Вы готовы это увидеть? Вы готовы это признать и быть этим в нашем мире?

Когда вы являетесь собой – это одна из наиболее привлекательных вещей в мире. И вы это уже осознаете, поскольку люди, к которым вас по жизни влечет, тоже являются самими собой, они уязвимы и готовы быть с вами здесь и сейчас. Они не притворяются, не защищаются и не строят барьеров. Им нечего доказывать. Быть собой – это именно так. Вы не должны быть никем, кроме себя. Когда вы являетесь самими собой, все хотят находиться рядом с вами. И они будут скорее готовы также предложить вам деньги, просто чтобы быть рядом с вашей энергией, просто чтобы иметь немного того, что есть у вас. Вы готовы быть настолько неотразимыми для других?

Что если бы вы потребовали быть предельно честными с собой и спросили: «Кем я сейчас являюсь? Если бы я сейчас был самим собой, что бы я выбрал? Что бы я создал?»

«Что бы вам действительно хотелось иметь?»

Составной частью уязвимости также является предельная честность в отношении того, что именно вам хотелось бы иметь в жизни. Если вы будете это держать в секрете и прятать от себя либо притворяться, что вы вовсе не желаете того, что хотели бы иметь, у вас не будет шансов действительно создать и выбрать нечто большее, иметь такую жизнь, которой вы по-настоящему наслаждаетесь? Вам нужно быть готовыми не иметь от себя секретов.

Хоть один раз вы выделяли себе время взглянуть на то, что вы хотели бы создать в жизни? Что если нет ничего невозможного? Что если вы могли бы быть, иметь и создавать всё, что угодно? Были ли вы готовы быть с самими собой настолько честными, чтобы признаться, что вы реально хотите иметь в жизни, даже если это и не имеет смысла больше ни для кого?

Что если бы вы написали список всего, что хотите иметь в жизни? Вы бы хотели, чтобы к вам приходила уборщица? Может быть новый дом? Ремонт на кухне? Может есть некое путешествие, в которое вы бы желали отправиться? Начать новый бизнес? Сколько бы денег вы хотели иметь в своей жизни?

Что бы вы для себя хотели, и что нужно, чтобы это создать и сгенерировать?

Будете ли вы готовы все это просить, и не важно, если вы верите, что это нелепо, невозможно или совсем недостижимо? Вы будете готовы потребовать от себя все это создать, даже если у вас нет ни малейшей идеи о том, как или когда это реализуется? Помните: если вы не попросите, то вы и не получите. Поэтому, почему бы вам не попросить обо всем, чего желаете и даже больше, и посмотреть, что проявится, просто ради развлечения?

Что бы вы хотели запросить у вселенной и потребовать от себя? Начните записывать, как бы вы хотели видеть свою жизнь и денежные потоки. Что бы вы хотели создавать и генерировать?

ДОВЕРЯЙТЕ ТОМУ, ЧТО ВЫ ЗНАЕТЕ

Был ли кто-нибудь в вашей жизни, кто вдохновил вас деньгами и финансами? Вас спросили о том, что вы знали? Вас поощряли доверять себе и играть деньгами? Возможно нет. Большинство из нас на самом деле не поощряют, чтобы узнать, кто мы и на что мы способны, чем мы отличаемся ото всех остальных. Нам не говорили доверять себе, и что мы будем знать, что делать. Нас учат, что нам нужно смотреть на то, что делают все остальные, и поступать также.

Когда я впервые отправилась в путешествие, я собиралась уехать за границу на шесть месяцев. Примерно через три года я наконец вернулась в Австралию. Когда я это сделала, все сказали мне: «Хорошо, Симон, теперь у вас уже было ваше приключение, вы можете успокоиться, найти стабильную работу, выйти замуж и иметь семью».

Для меня это было худшей вещью, которую я могла бы сделать. Моя точка зрения была: «Я только начала!»

Я не хотела следовать тому, о чем все остальные сказали мне, кем я должна быть. Я знала, что возможно еще что-то, и поэтому я не выбрала то, что мне сказали выбрать. Я верила, что, хотя у меня не было точного видения моей жизни, я знала, что могу создать что-то другое. Я знала, что люблю путешествовать, я хотела иметь бизнес, и я знала, что хочу иметь деньги, поэтому теперь оставалось просто выбрать это.

«Вы всегда знали, даже когда что-то не срабатывало».

Когда я встретила Гэри Дугласа, и я услышала, как он говорил об Access, я знала, что это соответствует тому, что я знала, что возможно в этом мире. Я доверяла себе достаточно, чтобы следовать этому, несмотря ни на что, и я так рада, что сделала это, потому что это изменило мою жизнь и продолжает менять ее динамически.

Что вы знаете по поводу денег, что вы никогда не позволяли себе осознать или за что вас делали неправильным?

Один из величайших даров и то, что мы обесцениваем больше всего – это наша осознанность о том, что работает и не работает в нашей жизни.

Вы когда-нибудь знали, что что-то действительно не будет работать так, как вам хотелось бы, но вы все равно это сделали? Вы когда-нибудь спали с кем-то, о ком знали, что не должны были, и, проснувшись на следующее утро, задавались вопросом, почему вы сделали этот не очень-то отличный выбор? Но когда это не сработало, вместо того, чтобы сказать: «Ой, я знал, что это не сработает, насколько я гениальный?», вы судили себя и делали себя неправильным, потому что это не работало, вы думали, что это вы создали беспорядок, вместо того, чтобы осознать, что вы все время знали, что все это не сработает, и вы все равно это сделали, думая, может быть, вам это удастся! Вы определенно знали, но вы просто не следовали своей осознанности.

Что если вы начнете осознавать и доверять этому знанию и начнете следовать вашей осознанности того, что сработает для вас, вместо того, чтобы выбирать то, о чем вы знаете, что это на самом деле не сработает? Вы пытаетесь создать свою жизнь как успех или великий провал?

Некоторые из нас провели всю свою жизнь до сих пор, не доверяя себе. Когда вы были настолько преданны тому, что думаете о нуждах и желаниях других людей, вы можете потерять связь с тем, чего вы действительно желаете. Вы можете чувствовать себя пустым, или, как будто вы не знаете. Скорее всего, вы почувствуете себя немного пустым, когда вы начнете смотреть на это, потому что никто никогда не спрашивал вас о том, чего вы действительно хотите.

Но, пожалуйста, верьте, что вы действительно знаете. Где-то, глубоко внутри, вы знаете. Возможно вы прятали это от себя долгое время, но вы точно знаете.

«Если бы деньги не были проблемой, что бы вы выбрали?»

Если бы деньги не были проблемой, какую жизнь вы хотели бы иметь? Что бы вы делали каждый день, что бы вы хотели создать в мире? Что из этого вы могли бы начать прямо сейчас? С кем бы вам пришлось поговорить? Что бы вам пришлось сделать? Куда бы вам пришлось пойти? Какой выбор вы могли бы сделать сегодня, чтобы начать создавать свою собственную финансовую реальность?

Это те вопросы, которые я задаю себе каждый день. Каждый день для меня новый. Я смотрю на то, что я хочу создать, и смотрю на то, что создаю, и чем еще я могу быть и что делать, чтобы создать больше того будущего, которое хотела бы иметь.

Вы тоже можете это сделать. Вы можете начать создавать реальность, деньги, бизнес, осознанность, сознание, радость и жизнь и образ жизни, которые вы действительно желаете. Доверяйте себе. Будьте готовы признать, что даже если прошло 10 000 лет с тех пор, как вы действительно попросили осознать то, что вы хотите, вы действительно знаете, и вы можете создать это с большей легкостью, чем вы думаете!

Часть вторая

Деньги, приходите, деньги, приходите, деньги, приходите!

Глава 4

Десять элементов, которые заставят деньги приходить (снова и снова)

К настоящему моменту, надеюсь, вы начали рассеивать туман в пространстве, из которого вы функционировали с деньгами, и вы начинаете смотреть на свою финансовую реальность с позиции большего пространства и возможностей, чем, когда мы начали.

Иметь финансовую реальность, которая работает на вас, означает установить истинную близость с тем, что вы действительно хотите создать, это не только с суммой денег, которую вы хотите иметь на своем банковском счету, но также и с вашей жизнью. Когда у вас появляется больше ясности в отношении будущего, которое вы хотите создать, деньгам проще прийти в вашу жизнь. Кроме того, изменение вашей точки зрения и того, как вы функционируете энергетически с деньгами, так же важно, как и элементы «действия», вам нужно изменить все это, чтобы иметь другую реальность с деньгами.

Эти следующие 10 элементов более подробно рассмотрят прагматические и практические компоненты для изменения вашего финансового мира. Если вы будете их применять, они будут работать. Вам нужно их проделать - вам нужно это выбрать.

Помните - если вы не принимаете на себя обязательства перед собой и не требуете от себя сделать всё, что потребуется, независимо от того, как это выглядит, будет намного сложнее изменить ситуацию. В конце концов, что вы можете потерять? Ваши ограничения по поводу денег? Ваше беспокойство по поводу денег? Вашу нехватку денег?

Давайте начнем. Вот 10 пунктов того, что вы можете делать в своей жизни, что заставит деньги приходить, приходить и приходить:

1.   Задавайте вопросы, притягивающие деньги

2.   Знайте точно, сколько денег вам нужно для радостной жизни

3.   Владейте деньгами

4.   Отдавайте себе должное

5.   Делайте то, что любите

6.   Осознавайте то, что думаете, говорите и делаете

7.   Перестаньте зацикливаться на результате

8.   Откажитесь от веры в успех, провал, нужду и потребности

9.   Наличие позволения

10. Будьте готовы жить вне контроля

Я уже представила многое этих концепций в первой части книги, чтобы вы познакомились с тем, как это работает, когда дело касается изменения долга и того, как вы функционируете с деньгами. В следующих главах мы перейдем к прагматике и применим эти 10 идей с помощью инструментов и методов, чтобы реально создать изменения в этих областях, чтобы вы могли выбирать, создавать и наслаждаться деньгами, вместо того, чтобы испытывать тревогу и бороться за них.

Глава 5

Задавайте вопросы, приглашающие деньги

Вы возможно заметили, что на протяжении всей книги я приглашаю вас задавать себе множество вопросов о деньгах. Это делается потому, что вопросы являются приглашением для получения, которое позволяет деньгам проявиться. Если вы не задаете вопросы, вы не можете получать.

Когда дело доходит до задавания вопросов, существует так называемый «Золотой ключ», о котором вы должны знать: истинный вопрос не подразумевает обязательный ответ, нечто правильное или неправильное. Он задается для того, чтобы раскрыться навстречу энергии *иных возможностей*.

Нас научили задавать вопросы, исходя из позиции поиска правильного ответа, нас также научили делать множество утверждений, ставя в конце вопросительный знак и представляя себе, что мы задаем вопрос, а на самом деле это не так. Ничто из этого не означает задавать правдивые вопросы. Проще говоря, если вы задаете вопрос, и это ведет вас прямо к ответу, суждению или заключению, либо если вы используете его, чтобы постараться смоделировать определенную развязку, в отличие от простого любопытства и желания генерировать еще большие возможности для вас, это *не* вопрос.

Например, вот утверждения, которые выглядят как вопросы, но ими не являются: «Как это может получиться по-моему?» «Почему это со мной происходит?» «Что я сделал не так?» «Почему они такие подлые?» «Почему они до сих пор не предложили мне повышение?» «Какого х*&$?» Все это – утверждения, в которых уже заложено подспудное предположение, заключение или суждение, в основном такое, что с вами или с чем-то еще что-то не так. Где-то там уже содержится предполагаемый ответ, а не возможность. Вместо этого вы можете спросить: «Какие здесь есть возможности, о которых я еще не спрашивал?» «Что я выбрал создать этим, и какой еще выбор у меня есть?» «Что положительное о себе я еще не осознаю?» «Что если чей-то выбор быть подлым ничего не имел со мной общего, что бы я выбрал?» «Что мне нужно, чтобы я был готов попросить повышение, и что я могу создать, чтобы генерировать больше денег, независимо от этого?» и «Что мне известно, что я был не готов признать?»

Еще один ключ к тому, чтобы задавать вопросы, это делать их простыми. Открыть дверь в иную возможность так же просто, как поинтересоваться, какие еще могут быть возможности. Если бы вы сегодня просто задавали два вопроса: «Что еще возможно?» ® и «Как может быть еще лучше, чем это?» ™ обо всем, что для вас проявляется, вы бы начали приглашать мириады новых возможностей и выборов, которых у вас ранее, пока вы ничего не спрашивали, не было.

«Вопрос идет рука об руку с выбором, возможностью и вложениями»

Когда вы задаете вопрос, вы начинаете осознавать, какие возможности и какой выбор вам доступен. Когда вы выбираете по-новому, вы начинаете осознавать еще большее количество возможностей и вариантов выбора. Когда вы задаете искренний вопрос, вы открываете дверь навстречу вселенной, которая может вам поспособствовать.

Подумайте о вселенной, как о своем лучшем друге, который говорит: «Эй, давай поиграем!» Она желает, чтобы вы имели именно то, о чем вы просите, и будет способствовать вам в том, что вы создаете в жизни.

Вселенная не имеет точки зрения о том, что вы выбираете. Если ваш выбор демонстрирует предпочтение страдать, ограничивать себя и не иметь денег, это именно то, что вселенная вам даст. Если вы начнете просить ее поспособствовать вам из ощущений игры и любопытства, то она вам покажет именно эту энергию и возможности, и выбор.

Ваш выбор и выбираемые вами возможности показывают вселенной, в каком направлении вы желаете идти. Что демонстрирует ваш выбор? Какой иной выбор вы можете начать делать прямо сейчас? Вы готовы играть со вселенной каждый день по 24 часа в сутки?

Если вы желаете создать большую осознанность того, что возможно, спросите: «Кем я могу быть и что я могу делать совершенно иное каждый день, чтобы стать более осознанным в отношение выбора, возможностей и содействия, которые мне доступны каждую секунду?»

«Начинайте просить деньги прямо сейчас!»

Большинство из нас не научено просить о деньгах, особенно вслух, без ощущения дискомфорта или неловкости. Поэтому, возможно, вам придется практиковаться. Вставайте перед зеркалом и просите: «Пожалуйста, могу ли я сейчас получить деньги?» Повторяйте это снова и снова. Тренируйтесь, пока вы ведете машину. Продолжайте просить. Когда у вас есть клиент, который вам должен, или кто-то еще должен вам по счету деньги, спросите: «Как бы вы хотели мне за это заплатить?» Вначале это может быть дискомфортно, но вам нужно начинать спрашивать, иначе вы не сможете получать!

Представьте, если бы у вас была абсолютная легкость, когда вы просите о деньгах у кого угодно в любое время. Сколько бы еще свободы это вам дало выбирать то, что вам подходит? Какое спокойствие? Сколько *удовольствия* вы могли бы получить, прося деньги проявиться всеми способами?

«Ежедневно используйте эти вопросы, чтобы приглашать деньги»

Вот вам список прекрасных вопросов, которые вы можете задавать каждый день, чтобы привлечь больше денег в свою жизнь:

- Что еще возможно, о чем я еще не спрашивал?

- Какие доступные возможности я еще не воплотил в жизнь?

- Если бы я выбирал свою финансовую реальность, что бы я выбрал?

- Какой я хочу иметь свою финансовую реальность? Что совершенно иное я должен делать или кем быть, чтобы это создать?

- Что совершенно иное я могу сделать сегодня или кем быть, чтобы сразу генерировать больше денег?

- Куда я сегодня могу приложить свое внимание, чтобы увеличить мои денежные потоки?

- Что я могу сегодня добавить в свою жизнь, чтобы прямо сейчас создать больше дохода и источников дохода?

- Кто или что еще может поспособствовать мне иметь больше денег в моей жизни?

- Где я могу использовать свои деньги, чтобы это принесло мне еще больше денег?

- Если бы деньги не были проблемой, что бы я выбрал?

- Какое действие я могу предпринять сегодня, чтобы изменить свою финансовую реальность?

- Если бы я выбирал для себя, для своего удовольствия, то что бы я выбрал?

- Кто еще? Что еще? Где еще?

- И помните... Могу ли я получить деньги прямо сейчас, пожалуйста?

Помните, что иметь деньги в своей жизни означает создавать жизнь и всю финансовую реальность, которая вам подходит. Начинайте задавать эти вопросы каждый день и замечайте, что начнет проявляться по-другому. Возможно, проявятся какие-то неожиданные возможности, возможно, вы заметите, что будете меньше реагировать в определенных ситуациях, чем отреагировали бы раньше, или что люди вокруг вас начинают меняться. Что бы то ни было, замечайте и отмечайте это, будьте за это благодарны и не делайте заключений касаемо этого. Продолжайте задавать вопросы. Не важно, что проявится, просите еще, просите о большем. Что если задавать вопросы станет для вас настолько естественным, что вы превратитесь в живое говорящее приглашение для финансовых возможностей, которое невозможно остановить?

Глава 6

Знайте точно, сколько денег вам нужно для радостной жизни!

Когда люди спрашивают меня, как им выйти из долгов и владеть такими деньгами, которыми они желают, мой первый вопрос таков: вы знаете точно, сколько денег вам нужно генерировать в месяц, чтобы это получилось? Большинство людей умудряются влезть в долги, потому что они не осознают, сколько им на самом деле нужно, чтобы жить так, как они хотят. Я вдохновляю людей спрашивать: «Что нужно, чтобы увеличить мой месячный доход? Что нужно, чтобы мои доходы были больше расходов?»

Вот, что я очень рекомендую вам сделать: взгляните детально, в какую сумму вам обходится ваша жизнь. Если у вас есть бизнес, сделайте то же самое и для бизнеса.

Если у вас есть записи о прибыли и убытках или некий отчет от вашего бухгалтера, используйте его чтобы понять, во сколько ежемесячно вам обходится ваш бизнес или ваша жизнь в целом. Если у вас нет отчета, запишите все свои расходы на проживание. Запишите, сколько вы платите за электричество и коммунальные услуги, во что вам обходится проезд на машине, сколько стоит уход за домом, арендная плата, ипотека, плата за обучение и все остальное.

Затем суммируйте все свои задолженности. Если у вас их примерно или менее чем на 20 тысяч долларов, поделите их на 12 и добавьте к общей сумме. Если вы должны больше 20 тысяч, поделите это на 24 месяца или более, если захотите. Просто включите это в список (это та сумма, которую вы просите в месяц, чтобы выплатить свои долги).

Затем запишите, сколько стоит делать те вещи, которые вы делаете для удовольствия. Если вы хотите получать массаж каждый месяц или каждые две недели, включите это. Если у вас есть процедуры по уходу за лицом и стрижки, запишите это. Сколько вы платите за одежду, обувь и книги, которые вы покупаете? Сколько вы тратите, когда идете куда-то на ужин? Запишите все это. Если вы хотите больше путешествовать, посетить семью, отправиться в отпуск пару раз в год, добавляйте это тоже. Мне очень приятно иметь пару бутылок хорошего вина или шампанского в моем холодильнике в любое время, поэтому я обязательно включаю это, когда я работаю над своими ежемесячными расходами.

Как только вы включили все веселые штуки, сложите все это вместе. Когда у вас есть общая сумма, добавьте десять процентов от того, что вы заработаете, только для вас. Это будет для вашего 10-процентного счета. В следующей главе я расскажу вам, почему создание 10-процентного счета является таким удивительным и важным инструментом, но на данный момент обязательно отложите 10 центов с каждого доллара, который поступает к вам. И затем добавьте еще 20%, просто для веселья, потому что вы никогда не знаете, что может проявиться, и идея в том, что вы готовы ко всему и не ограничиваете свой выбор.

Какова общая сумма? Это фактическая сумма, которая вам требуется на жизнь каждый месяц. Если вы похожи на большинство людей, то она обычно значительно больше, чем вы сейчас зарабатываете.

В первый раз, когда я это сделала, сумма денег, которая мне требовалась для создания моей жизни, была вдвое больше того, что я на самом деле зарабатывала, и я сразу же начала сокрушаться, думая: «О! Я никогда не смогу заработать столько денег!» Но я не осталась в этом месте. Я потребовала от себя самой, что бы ни случилось, что буду создавать эту сумму денег и больше, и я спросила, что потребуется, чтобы создать это и большее с полной легкостью? Теперь я зарабатываю больше денег, чем это начальная шокирующая сумма, с которой я начинала. Я делаю это каждые шесть месяцев. Моя жизнь меняется все время, поэтому мои расходы изменились, и я хочу иметь полную осознанность в отношении того, что я создаю, тогда я могу запросить, чтобы проявилось больше.

Это упражнение не связано с попыткой сократить ваши расходы или каким-то образом ограничить себя. Большинство бухгалтеров или счетоводов посмотрят на вашу информацию и скажут: «Ваши расходы слишком высоки. Они больше, чем ваш доход. Что мы можем сократить?» Это не мой подход. Моя точка зрения: что еще вы можете добавить в свою жизнь? Что еще вы можете создать? Вот почему я также рекомендую вам делать это упражнение каждые шесть-двенадцать месяцев, потому что по мере изменения вашей жизни ваши расходы, ваши желания и ваши потребности в финансовом отношении также будут меняться.

Что, если это было началом вашей постоянно расширяющейся финансовой вселенной? Вы должны дать себе подарок осознанности о том, где именно вы находитесь и хотели бы находиться, или вы не можете сделать следующее движение вперед, поскольку вы всегда будете не в курсе, где ваши финансы.

Что если вы сделали это, чтобы повысить свою осознанность? Что если вы сделали это ради удовольствия? Что если вы сделали это, чтобы осознать, чего хотите больше в жизни, и посмотреть, что еще вы могли бы создать? Что если вы вышли из травмы и драмы безденежья и начали создавать совершенно другую реальность? Это ваша жизнь. Вы тот, кто её создает. Вы довольны тем, что вы сейчас создаете или вы хотели бы изменить это?

Глава 7

Владейте деньгами

Во второй главе этой книги я говорила о готовности иметь деньги, если вы хотите создать свою финансовую реальность и что начинает происходить в вашей жизни, когда вы действительно их имеете.

Позволение себе действительно иметь деньги создает постоянное чувство изобилия и богатства в вашей жизни, которое будет способствовать созданию большего финансового будущего.

У меня эта странная навязчивая идея с водой, мне всегда нравится иметь с собой бутылку воды. Я часто говорю, что, должно быть, я умерла от жажды в прошлой жизни, потому что я заметила, что всякий раз, когда у меня есть с собой вода, я не чувствую жажды, даже если я не пью! Если у меня нет с собой воды, я начинаю испытывать жажду. Что если с деньгами также? Что если наличие денег создает ощущение покоя с деньгами, что позволяет вам выйти за пределы чувства недостатка?

Как вы начинаете получать больше денег в своей жизни и создавать ощущение богатства и изобилия?

Вот три способа актуализировать деньги в вашей жизни. Это простые, но эффективные инструменты из Access Consciousness и некоторые из первых инструментов, которые я начала использовать, чтобы изменить свою собственную финансовую реальность (и да, я тоже сопротивлялась им вначале, а затем подумала: что самое худшее, что может случиться, если я попробую?). Используйте их и наблюдайте, как ваши деньги расширяются в вашей жизни и растут в вашем будущем. Я рекомендую сделать все это и действительно посвятить этому не менее шести месяцев и посмотреть, что это изменит для вас.

ИНСТРУМЕНТ ДЛЯ ВЛАДЕНИЯ ДЕНЬГАМИ №1: 10%-ЫЙ СЧЕТ

Один из первых важных денежных инструментов, который я хотела бы вам дать, заключается в том, чтобы брать 10 процентов из всего, что вы заработали, 10% с каждого доллара, евро, фунта или любой другой валюты, которую вы создаете. Вы не откладываете это для оплаты счетов. Вы не запасаете это на черный день. Это не для того момента, когда у вас заканчиваются деньги. Это не для большого счета, который предстоит оплатить. Это не для помощи другу. Это не для покупки рождественских подарков. Это не для этих вещей!

Вы откладываете это для почитания себя.

Люди говорят: «У меня есть счета на оплату! Как я могу убрать 10% своего дохода? Я должен сначала оплатить счета». Но вот что: если вы сначала оплатите свои счета, у вас всегда будет больше счетов. Когда вы сначала оплачиваете счета, вселенная говорит: «Хорошо. Этот человек желает больше уважать свои счета. Давайте дадим ему еще несколько счетов: Если же вы уважаете себя, отложив сначала 10%, вселенная говорит: «О, он готов уважать себя. Он готов иметь больше», и она отвечает на это. И она дает вам больше.

Откладывание 10% - это подарок для вас. Это про то, как быть благодарным себе.

Когда я впервые создала свой 10%-ный счет, я делала это неохотно, потому что Гэри предложил сделать это. Счет 10% не будет работать, если вы сделаете это с точки зрения: «Эта книга или человек мне сказали это сделать». Вы должны сделать это для себя. Вы должны сделать это, чтобы изменить энергию, которую у вас есть на счет финансов, и энергию, которую у вас есть по поводу денег. Не только потому, что я так сказала, и вы прочитали это здесь в книге. Начните создавать запрос на создание другой реальности.

Спросите: «Что потребуется, чтобы это стало для меня выбором, а не необходимостью?» Что самое худшее, что может случиться? Вы это потратите? Но вы не можете сделать это из точки зрения, что вы собираетесь это потратить. После трех-четырех месяцев с начала ведения моего 10-ти процентного счета, энергия денег изменилась для меня. У меня больше не было этой паники по поводу денег. Сколько из вас испытывает панику по поводу денег или стресс, и это стало для вас гораздо более нормальным, чем жизнь без этого? Если вы посмотрите на энергию этого, то увидите сжатие; это как организовать депрессивную вечеринку, на которую деньги не хотят приходить. Деньги следуют за радостью. Радость не следует за деньгами.

Что я рекомендую – начинаете сегодня. Даже если у вас целая куча счетов. Даже если у вас есть только 100 долларов в вашем кошельке, и вы думаете, что вам нужно покупать продукты и так далее. Начните это сегодня. Дело в том, что это не логично или линейно. Вы можете делать математические расчеты в этом отношении, но это невозможно вычислить. Энергетически вселенная начинает способствовать вам, и вы начнете получать деньги в самых случайных местах.

Кто-то сказал мне, что она вкладывает деньги в свой 10-процентный счет, а затем, когда приходят счета, она использует эти деньги для погашения своих счетов. Она сказала: «Я оплачиваю все свои счета в полном объеме каждый месяц, и это здорово, но я хочу изменить приоритет от оплаты счетов в пользу сбережения денег на моем 10-ти процентном счете и сохранить их там, уважая себя. «Она спросила: «Как мне перестать жить от зарплаты до зарплаты?»

Я сказала: «Мой вопрос будет следующим: сколько заключений у вас есть насчет того, что у вас не будет денег на оплату счетов, если вы будете использовать 10%-ный счет?»

Логическая точка зрения может быть: «Ну, я должен оплатить счета, и единственные деньги, которые у меня есть, - это деньги на моем 10%-ном счету, поэтому я должен использовать это». Я прошу вас не действовать из логической точки зрения. Тут выбор вступает в игру. Я приглашаю вас проявить смелость, попросить: «Знаешь, что? Я не трачу свой 10%-ный счет». И исследуйте, что еще возможно создать.

Было время, когда баланс на одной из моих кредитных карт был чрезвычайно высоким. На моем 10%-ном счете у меня было в 3 раза больше денег, поэтому я знала, что смогу погасить остаток на своей карте, если захочу. Я этого не делала. Вместо этого я посмотрела, какая энергия будет создаваться для меня, если бы я использовала деньги на своем 10%-ном счете. У меня было ощущение этой энергии, и тогда я посмотрела на то, что создаст, если я не буду этого делать, а вместо этого запрошу создавать и генерировать деньги для погашения кредитных карт. Для меня эта вторая энергия создать больше, чтобы расплатиться с картами, была намного интереснее.

Это я и выбрала.

ИНСТРУМЕНТ ДЛЯ ВЛАДЕНИЯ ДЕНЬГАМИ №2: НОСИТЕ С СОБОЙ СТОЛЬКО НАЛИЧНОСТИ, СКОЛЬКО, ПО-ВАШЕМУ, НОСЯТ БОГАЧИ

Насколько по-другому вы бы себя чувствовали в отношении своей жизни, если бы открывая свой кошелек или сумочку вы видели большую пачку наличных, а не пустое пространство и несколько смятых чеков? Что если бы вам понравилось там носить деньги?

Носите с собой то количество наличных, которое вы думаете носят с собой богачи.

Я много путешествую, поэтому мне приносит удовольствие носить наличные в различной валюте. У меня также в сумочке лежит золотая монета. Меня это очень радует. Это позволяет мне чувствовать денежное изобилие. Для меня это работает. Что будет работать для вас? Что вам принесет радость? Что приносит вам ощущение богатства?

Мне нравится носить с собой всегда как минимум тысячу долларов. Мне нравится всегда носить с собой бутылку воды. Мне нравится, чтобы дома в моем холодильнике стояла бутылка холодного вина. Эти вещи мне нравятся, они делают меня счастливой. Они обеспечивают мне ощущение того, что я создаю свою жизнь. Что приносит вам ощущение того, что вы создаете свою жизнь, что если бы вы это выбрали, создало бы вам тоже иную финансовую реальность?

Некоторые люди упираются и отказываются от этой идеи, думая: «Что если меня ограбят, или я потеряю кошелек или сумочку?» У меня была молодая подруга, которая носила с собой около 1800 американских долларов и потеряла свою сумочку. В то время, конечно, ей пришлось не просто, но после этого она была гораздо больше готова быть осознанной в отношении финансов! Если вас волнует, что нечто подобное может с вами произойти, мой вопрос к вам таков: «Сколько денег вам нужно с собой носить, чтобы вы были готовы это осознавать в любой момент?» Когда вы носите с собой достаточно крупную сумму, вы внезапно станете готовыми быть более осознанным в отношении своих денег; вы начнете сознавать, где они находятся и что вам надо в этот момент точно осознавать, чтобы они не потерялись или их не украли. Если вы по жизни избегаете носить с собой деньги, поскольку вы считаете, что их потеряете или их украдут, вы никогда не позволите себе иметь деньги в принципе. Вы должны быть готовы иметь деньги, и вы должны быть готовы получать от них удовольствие без всяких точек зрения.

ИНСТРУМЕНТ ДЛЯ ВЛАДЕНИЯ ДЕНЬГАМИ №3: ПОКУПАЙТЕ ВЕЩИ, ОБЛАДАЮЩИЕ ВНУТРЕННЕЙ ЦЕННОСТЬЮ

Я приобрела большое количество серебра и золота из своего 10%-ного счета, и мне это нравится. У меня в доме есть сейф, где я храню большую часть своего золота и серебра. Если у меня когда-то появится чувство, что у меня нет денег, я пойду и загляну в сейф и пойму, что: «Деньги-то у меня, оказывается, есть». Это пример того, что 10%-ный счет может для вас сделать.

Покупка вещей с внутренней ценностью (это означает, что по природе материала, из которого они состоят, они обладают денежной ценностью) – это способ получать удовольствие от обладания деньгами, также стоит приобретать и иметь ликвидные предметы (те, которые можно быстро продать за наличность), которые будут со временем сохранять или приумножать свою стоимость. Такие вещи, как золото, серебро или платина можно покупать в унциях, килограммах или в монетах. Покупка антиквариата или антикварных ювелирных изделий тоже может быть отличной инвестицией. Они со временем сохраняют свою ценность, в отличие от современной мебели или бижутерии, которая может хорошо смотреться, но сразу же после покупки потеряет большую часть своей розничной цены. Такие вещи, как серебряные столовые предметы являются прекрасными ликвидными ценностями, поскольку они красивы с эстетической точки зрения, и вы можете действительно ими пользоваться, чтобы создать ощущение богатства и роскоши в своей жизни. Разве не лучше пить шампанское из прекрасного хрусталя или серебряного кубка, чем из простого или пластикового стакана? Я точно знаю, что для меня это лучше!

Вы также не обязаны иметь тысячи и тысячи долларов на своем 10%-ном счету, чтобы начать покупать реально ценные вещи. Вы можете начать покупки с серебряной ложки, чтобы мешать свой кофе, и после этого продолжить свои приобретения. Просто имейте ввиду, что бы вы ни делали или ни покупали, должно приносить вам радость. Узнавайте больше о ценных вещах, иметь которые в своей жизни приносило бы вам удовольствие.

Я также покупала бриллианты и жемчуг со своего 10%-го счета. Я всегда заботилась о том, чтобы на своем 10%-ном счету имелось достаточно наличности, чтобы постоянно поддерживать ощущение покоя и ощущение того, что у меня есть деньги.

Сколько наличных вам необходимо иметь по жизни для того, чтобы создать для себя еще большее ощущение мира и изобилия с деньгами? И что еще вы могли бы добавить в свою жизнь, чтобы создать ощущение эстетики, изобилия, роскоши и богатства, которые заполнят все грани вашей жизни и вашего образа жизни?

Глава 8
Отдавайте себе должное

Отдавать себе должное это то, к чему вам следует быть готовыми, если вы желаете, чтобы ваша жизнь и ваши денежные потоки стали легче и приносили большую радость. Когда вы не признаете, что же для вас истинно, вы себя принижаете. Если вы не осознаете, что вы уже создали что-то в вашей жизни, вы это разрушите, чтобы поверить в то, что вы ничего не достигли, вернетесь к истокам и снова все начнете заново. Гораздо проще будет шагать по жизни вперед, осознавая происходящее, осознавая то, чего вы достигли, видя свои достижения и не упуская то, что вы создали и изменили. Это очень важно, особенно когда вы продолжаете использовать эти инструменты и все начинает для вас меняться. Вам нужно себя уважать, отдавать должное тому, что проявится, даже если оно проявится в совершенно ином виде, чем вы думали.

Существует три способа того, как вы можете начать более эффективно отдавать себе должное:

1. Признавайте свою ценность

2. Признавайте то, что вам легко делать и кем быть

3. Признавайте то, что вы создаете

«Не ждите, пока другие разглядят вашу ценность»

Вы до сих пор ждете, пока окружающие вас признают, чтобы наконец-то понять, что то, что вы можете предложить – ценно? Что если именно вы можете понять свою ценность, независимо от того, что думают окружающие? Большинство людей даже не в состоянии видеть вас, чтобы признать, поскольку не в состоянии видеть или признать самих себя! Если вы готовы разглядеть свои достоинства, если вы готовы отдавать себе должное, вы сможете узреть достоинства остальных, и вы сможете пригласить их тоже оценить их достоинства, и все это просто будучи собой.

Возможно вы думаете, что, если вы просто найдете правильные отношения, получите признание на работе или вас в конце концов по достоинству оценит ваш непростой родитель, тогда-то вы почувствуете свою ценность. Это до сих пор не сработало, поскольку, по правде говоря, этого вам никто не может дать. Если вы уже не чувствуете ценность в своей жизни, никакое количество людей, убеждающих вас, насколько вы чудесны, не смогут проникнуть в ваш мир. Вначале вы сами должны увидеть свою ценность, тогда вам станет проще ощущать и получать признание от окружающих. Что если вы будете начинать каждый свой день с вопросов: «Что во мне замечательного, что я никогда раньше не осознавал?», «Что я отказывался осознать о себе, что если бы я это осознал, это сделало бы мою жизнь более легкой и радостной?»

Вы должны знать, что вы – ценный продукт в вашей жизни не потому, что это говорят вам другие, а потому что вы просто это сами знаете. Это может быть вначале одной из сложнейших вещей, поскольку вы должны отказаться от самоосуждения, чтобы действительно себя ценить. Вы должны быть благодарны, и вы должны быть честны с собой, вам следует принимать свое величие не ставя барьеров.

Возможно, вам придется заставлять себя видеть свою ценность. Заведите блокнот и записывайте, за что вы себе благодарны – добавляйте, как минимум по три вещи каждый день. Потребуйте ощущать, знать, быть и принимать свою значимость с большей легкостью. Доверяйте себе, и поддерживайте самих себя в процессе.

«Что легко для вас, что вы еще никогда не осознавали?»

У каждого есть место в жизни, где вы делаете что-то с легкостью, не задумываясь об этом, не судя это так сложно. Вы просто это делаете. Это очень просто. У вас есть суждение о тех вещах, которые вы находите легкими в жизни, например, вождение автомобиля? Или вы просто осознаете, что являетесь прекрасным водителем, и что вы можете справиться со всем, и вы можете просто быть этим, и вы можете выбрать это?

У каждого есть что-то (и почти всегда, довольно-таки немало вещей), которые он считает очень легкими. Если вы найдете что-то подобное в своей жизни, вы, вероятно, также обнаружите, что у вас нет суждения об этом и нет суждения о вас и о том, как вы это делаете. И вы, вероятно, не обращаетесь ни к кому за тем, как это сделать. Вы просто это делаете; вы просто являетесь этим! Теперь, что, если вы возьмете эту энергию и спросите: «Что мне понадобится, чтобы быть этой энергией с деньгами тоже?»

Бизнес - одна из тех вещей, которая является легкой для меня. Мне это действительно нравится. Для меня бизнес - одна из самых креативных вещей, которыми можно заниматься. Я не сужу о том, что происходит в бизнесе, я просто выбираю снова. Даже когда бизнес не получался, он никогда не беспокоил меня до такой степени, что я начинала судить себя за это. Я не осознавала того, что это была настолько другая точка зрения, пока я не поговорила с другом о коллеге, который делал то, что я считала безумным выбором в его бизнесе, потому что для него не было в этом никакой радости. Мой друг сказал: «Симон, никто не занимается бизнесом ради удовольствия!», что полностью потрясло меня. Я должна была осознать, что я действительно другая. До этого момента я думала, что все занимались бизнесом для радости.

Понимание, что бизнес был легким и забавным для меня, и что это не обязательно так для других, позволило мне начать видеть, где я могла бы поспособствовать другим людям, приглашая их получать радость от их бизнеса. Я открыла дверь, чтобы создать больше в моей жизни - больше радости, большей легкости и больших денег! Стало возможно, что мой бизнес «Радость бизнеса» был создан и способствует тысячам людей во всем мире, чтобы иметь другую возможность с бизнесом. Каждый день со мной связываются люди, которые говорят, что они так благодарны за фасилитаторов «Радости бизнеса», классы и книги. И это о том, каким потенциалом мы можем быть в мире, просто являясь собой и будучи готовыми осознать те области, которые нам даются легко, и использовать их в созидании.

Что вам не составит труда сделать? Что вы считаете легким, что, по вашему мнению, не имеет ценности? Мы не часто ценим то, что легко для нас, потому что мы верим, что все, что действительно стоит иметь, трудно получить. Или мы думаем, что это легко для нас, только потому что мы считаем, что любой может это сделать. Ни одна из этих точек зрения не верна. Если это легко для вас, это не потому, что все могут это сделать, либо потому, что это не ценно, это потому что вы – это вы, и у вас есть способности в этой области.

Начните записывать то, что вам дается легко, и внимательно посмотрите на это. Получите энергию от того, что значит делать то, что легко. Признайте, насколько вы блестящи!

Теперь, что если вы попросите, чтобы энергия проявилась во всех местах, где вы решили, что они вам не так уж легко даются? Если вы осознаете эту энергию и запросите ее увеличения в вашей жизни, она сможет и будет это делать. Если вы не осознаете этого, вы не сможете выбрать ничего большего.

Что если это так просто? Единственный способ узнать - попробовать и посмотреть. Чего же вы ждете? Что еще вы можете осознать о себе, что вы не считали ценным?

"Вы осознаете своё творчество или вы не замечаете его?"

У меня была подруга, родители которой все время говорили ей: «Деньги не растут на деревьях, знаешь ли!» У них был свой фруктовый сад. Для них деньги действительно росли на деревьях. Но они этого не видели. Они не могли получить радость, являясь теми людьми, у кого деньги действительно росли на деревьях.

Когда речь идет о создании денег, как часто вы судите или игнорируете сумму денег, которая проявляется и не проявляется в вашей жизни, вместо того, чтобы собирать каждый доллар, осознавая его и спрашивая: «О, это так здорово, как мы можем весело провести время?»

Недавно мой друг выиграл $20 000, поставив $200 на знаменитых скачках в Австралии. Я была так рада за него. Когда я сказала ему об этом, первое, что он сделал, он начал искать, кому он может это подарить, и на что он может потратить свой выигрыш. Я спросила его: «Что если ты просто получишь это потрясающее творение? Что, если у тебя просто могут быть деньги?» В том, что он хотел подарить и потратить их, не было ничего правильного или неправильного. Но он не остановился, чтобы осознать себя. Заметьте энергию и ощущение возможности, которая будет создана в жизни с осознанием, вроде: «Сегодня я создал что-то действительно потрясающее. Что, если бы я действительно получил эти деньги в своей жизни и полностью был бы благодарен за это и за себя? Что если я действительно бы наслаждался своим творением? Сколько веселья я могу иметь и что еще я могу сейчас создать? «

Мы не позволяем себе по-настоящему восхищаться нашей способностью творить. Что если бы вы могли сделать это с любым количеством денег, которые пришли, - иметь полную благодарность и полное осознание самого себя? Когда вы получаете удовольствие от своей способности творить, у вас появится больше денег.

Сколько вы на самом деле создаете в своей жизни, чего вы не замечаете? Что если бы вы могли полностью присутствовать со всем, что происходит, и всем, что было создано в вашей жизни, и получать все это с благодарностью?

Глава 9

Делайте то, что любите

На протяжении всей моей жизни я замечала, что есть люди, которые будут делать что-то за деньги, и есть люди, которые будут делать что-то, чтобы создать что-то другое в мире.

Например, я знаю кого-то, у кого много творчества и способностей в ее вселенной, но она продолжает думать: «Ну, если я делаю это, я хочу X сумму денег. Это то, что я запрашиваю». И это не маленькая сумма. Она требует многого, и она еще ничего не сделала. Она ничего не создаст, пока кто-то не согласится заплатить ей большую сумму денег, и этот человек еще не видел, что она может сделать. Я бы хотела спросить ее: «Почему бы вам просто не создать и не посмотреть, что появится?» Это не значит полагать, что вы не можете заработать много денег или предполагать, что вам нужно платить только немного, когда вы начнете что-то новое. Что, если вы никогда не позволите чему-либо остановить вас делать то, что вы любите? Что если вы все равно бы это сделали, независимо от денег?

Не создавайте ради денег; начинайте создавать и позвольте деньгам проявиться. И когда они появятся, празднуйте. Будьте благодарными.

И не останавливайтесь на достигнутом, продолжайте добавлять в свою жизнь. Включите больше того, что вы любите делать. И продолжайте приглашать деньги, прийти и поиграть!

"Что вы любите делать?"

Моя подруга косметолог, спросила меня о создании большего потока доходов. Я спросила ее: «Что ты любишь делать?» Она сказала: «Мне нравится водить».

Она живет в Калифорнии, а шоссе имеет восемь полос, и оно сильно загружено, но она любит водить. Я начала нанимать ее, чтобы забрать меня в аэропорту Лос-Анджелеса и отвезти меня в Санта-Барбару, когда я туда ездила. Очень приятно, чтобы кто-то забрал тебя в аэропорту после четырнадцатичасового полета. Теперь она забирает еще трех клиентов. Она делает то, что любит, и создала еще один поток доходов. Многие люди скажут: «Мне нравится вождение, но как это сделает мне деньги? Я не хочу быть таксистом!», вместо того, чтобы просто посмотреть на то, что они любят, и быть готовыми создать что-то радостное, как это сделала моя подруга косметолог. Речь идет о выборе и возможности, и готовности получать.

Вы должны начать смотреть на вещи, которые вы любите делать. Возьмите блокнот и начните записывать всё, что любите делать. Неважно, что это. Кулинария, садоводство, чтение, выгуливание собаки, общение с людьми. Не считайте, если это что-то недооцененное в мире (потому что, мы уже знаем, если это легко и весело, вы склонны автоматически считать, что это не имеет значения), просто запишите это. Если это весело для вас, если вам это нравится, то включите это в список. Продолжайте добавлять в него в течении следующих дней и недель. Затем взгляните - вы делаете достаточно того, что любите? Помните - деньги следуют за радостью! Кроме того, начните спрашивать: «С чем из этого я могу создать денежные потоки прямо сейчас?» и обратите внимание, если один или несколько привлекут ваше внимание сразу. Что, если эти легкие и забавные вещи для вас могут сделать вам больше денег, чем вы можете себе представить? Что бы вам пришлось делать, и с кем бы вам требовалось поговорить, и где вам нужно было начать создавать это как реальность прямо сейчас? И сколько удовольствия вы могли бы получать?

«Что еще вы можете добавить?»

Одна из моих новых любимых книг о том, как накопить состояние – «Грошовый Капиталист» Джеймса Хестера (The Penny Capitalist, James Hester) Хестер не говорит: «Сократите свои расходы». Он не говорит: «Прекратите тратить». Он спрашивает: «Как вы можете создавать больше денег из тех денег, которые вы зарабатываете?» Большая часть книги о том, как приумножить количество денег используя те, что у вас уже есть, будь то пять долларов, пятьдесят долларов, пять или пятьдесят тысяч долларов.

Гэри Дуглас в этом просто блистателен. Access Consciousness – это огромный международный бизнес, и путешествуя по миру, он получает огромное удовольствие от покупок антиквариата и красивых ювелирных изделий, продавая их в своей антикварной лавке в Бризбане. Это для него еще один источник дохода. Он получает от этого прибыль, поскольку ему это приносит радость, и он это прекрасно делает.

Сколько источников дохода вы можете сегодня создать? Вы не должны следовать только одному пути. У вас может быть множество источников или путей для этого. Что если вы можете создать их столько, сколько захотите? Что если вы можете создать еще деньги, используя те деньги, которые у вас уже есть? В настоящее время у меня имеется несколько источников дохода. Я координатор Access Consciousness по всему миру, у меня есть бизнес «Радость Бизнеса» по которому написана книга, переведенная на 12 языков, и проводятся классы, теле-классы и частные консультации. Также у меня есть портфолио ценных бумаг, которое быстро растет, к сегодняшнему моменту мой партнёр и я владеем инвестиционной недвижимостью на реке Нуса, в Австралии. Ради развлечения мы также инвестировали деньги в двух беговых скакунов вместе с Гайем Уотерхаусом (одним из ведущих австралийских тренеров беговых лошадей). Проще говоря, нет ограничений для того количества источников дохода, о которых вы можете попросить. Что необходимо, чтобы вы их получили и это доставило вам удовольствие?

Сколько раз вы отказывались создавать деньги, потому что решали, что: «Это слишком мало» или «Это слишком тяжело» или «Может мне с этим не по пути»? Что если все это было неважно? Если вам от этого весело, вот это - важно. С радостью вы продвинетесь по жизни гораздо дальше, чем вы себе это представляли.

Если вы хотите привлечь больше клиентов в свой бизнес, или вам наскучила ваша работа, спросите: Что еще я могу здесь добавить? Я всегда добавляю что-то новое, что мне интересно, ведь большую часть времени нам не нравится постоянно делать одно и то же. Нам не нравится повторение. Большинство из нас начинает скучать или входит в состояние подавленности, когда у нас происходит недостаточно событий. Как же вам может что-то наскучить и подавить вас в одно и то же время? Это может показаться странным, но большинство людей, с которыми я беседую, находятся именно в этом положении. Они чувствуют, что их подавляет все, что происходит в их жизни и оно, в то же самое время, им абсолютно наскучило. Автоматической реакцией большинства людей, когда это происходит, является попытка все упростить или уменьшить в масштабе. Но разве это когда-нибудь помогало? Что если вы попробуете нечто иное? Если вы полагаете, что того, что у вас происходит, слишком много, вы ошибаетесь. Вы способны это удвоить. Вы можете это утроить. Что еще вы можете создать?

Если вы начинаете добавлять в свою жизнь больше, особенно если вы творите со всем тем, что вы любите, и скука и подавленность начинают таять, и жизнь становится скорее радостным приключением жизненного процесса.

Когда я только начала работать координатором Access Consciousness, мы были представлены в пяти странах. Через восемь-десять лет мы уже были в 40 странах, а теперь мы уже в 173-х. Было множество раз, когда я могла решить, что это для меня слишком интенсивно или это меня подавляет, но я поняла, что, когда я была готова посмотреть на весь бизнес целиком с высоты птичьего полета и спросить, что еще я могу добавить к бизнесу и что и кто еще может этому поспособствовать, я знала, какой следующий шаг выбрать.

Тренируйтесь смотреть с высоты птичьего полета на тот проект или ту часть своей жизни, которая обычно вас напрягает. Посмотрите и задайте вопрос: «Может ли кто-то еще этому поспособствовать?» «Может ли кто-то еще к этому что-то добавить?» «Может ли кто-то еще сделать это лучше, чем я?» Это те вопросы, которые вы можете задать, чтобы не выйти в состояние перегруза, и чтобы создать себе больше ясности.

Когда вы думаете, что у вас происходит слишком многое, спросите: «Что я могу добавить в свою жизнь, чтобы иметь с этим и всем остальным ясность и легкость?» Когда вы добавляете в свою жизнь, это создает больше того, что вы желаете, когда вы исключаете что-то из своей жизни – то наоборот.

«Вы создаете по-иному, чем остальные люди?»

Когда я однажды говорила о создании новых потоков дохода на классе, один из участников сказал: «Я понимаю, о чем ты говоришь, и я работаю над созданием нескольких разных источников, пока я пишу книгу. Однако я продолжаю думать, что эта новая стезя отвлекает меня от книги, или что моя книга отвлекает меня от класса, который я сам хочу создать».

Это распространённое сомнение, поскольку в этой реальности люди проецируют на вас, что вы должны сначала закончить одну вещь до того, как начнёте другую. Это для вас правда? Что работает для вас? Вам больше нравится одновременно иметь множество разных проектов? Попробуйте и посмотрите.

Раньше у меня был партнер по бизнесу, который мне всегда говорил: «Симон, тебе нужно сначала закончить одно, а потом начинать другое, ты сразу работаешь над слишком многим». И я, естественно, не признавала ни свое знание, ни свою осознанность и думала, что он прав. Поэтому я пыталась начать что-то и закончить, затем начинала что-то другое, и это сводило меня с ума. Мне было очень сложно работать таким образом, поскольку я не такой человек и это не то, как я создаю.

Когда я на все это посмотрела, я поняла, что я получаю огромное удовольствие, когда работаю как минимум над 10 или 20 вещами одновременно. Это приносит мне радость. Я обожаю работать над ними всеми в разное время и прошу их обратить на себя внимание, когда им это требуется. Они привлекают внимание моего сознания и как-бы спрашивают: «Эй, как сейчас насчет меня?»

Если вы не будете осуждать способы того, как вы создаете, насколько больше радости вы можете получить, создавая еще больше? Что если вы можете быть вовлечены во все свои проекты? Что если вы можете иметь множество источников дохода, с помощью которых вам нравится создавать?

Создание множества источников дохода – это важная идея. Если у вас есть сложности с её пониманием, или вы думаете, что это, возможно, для вас не сработает, пожалуйста, подумайте еще раз. Это то, как создаю я, и я вижу, что это то, как создают множество других удивительных людей. Вы должны быть готовы жить за пределами своей зоны комфорта.

Какие иные источники дохода вы можете создать? Что или кого вы можете добавить в свою жизнь, кто бы увеличил ваш доход? Опять же, что если создание новых источников дохода нелинейно? Задавайте вопросы и всегда следуйте тому, что для вас ощущается легче и дает больше пространства. Следуйте тому, что вы знаете, поскольку вы знаете всегда!

Глава 10

Будьте осознанны в отношении того, что вы говорите, думаете и делаете

Создание расширяющейся финансовой реальности гораздо проще, когда вы творите свою жизнь как постоянное открытое приглашение для денег. Чтобы быть таким приглашением в своей жизни, вам нужно перестать делать, говорить и думать то, что отталкивает деньги. Начните прислушиваться ко всему, что вы говорите или какие мысли приходят к вам в голову касаемо денег. Особенно к тем вещам, в которые вы верите автоматически как в правдивые и обычно не подвергаете сомнению – что если они в действительности совсем не верны?

Например, вы увидели красивую машину. Но как только вам ее захотелось, вы тут же решили, что вы никогда не сможете ее себе позволить. Вы только что оттолкнули от себя деньги. Вы могли пригласить их в свою жизнь, спросив: «Что требуется, чтобы эта машина или подобная роскошь проявилась с легкостью в моей жизни?» Вот это вопрос, вот это требование! Говорить, что: «Я не могу это себе позволить», - это заключение, ограничение и путь в никуда, где не смогут проявиться ни деньги и никакие другие возможности. Это несознательные и прочие автоматические реакции, которыми мы останавливаем деньги от того, чтобы они с большей легкостью проявились в нашей жизни.

Моя хорошая подруга – мама-одиночка с двумя детьми, и она не станет заявлять: «Я не могу себе это позволить». На самом деле она составляет список требований к себе. Она требует то, что желает создать в своей жизни, затем смотрит на список и задает вопросы, как она может начать это создавать.

Она хотела поехать в отпуск с детьми и пошла к турагенту. Дама в турагентстве сделала для нее смету, сколько будет стоить поехать в тур, и моя подруга сказала: «Ой, я не хочу ехать в тур». Агент сказала, что отправиться в поездку без приобретения тура будет гораздо дороже. Вместо того, чтобы решить: «Раз это гораздо дороже, я лучше поеду в тур», моя подруга спросила агента: «А сколько будет стоить, если я поеду с детьми, без тура и мы поедем туда повышенным классом?» Она не остановила себя и не остановила возможности того, что могла создать. Она сделала запрос, и это то, что она будет создавать.

Вы должны быть готовы обращать пристальное внимание на то, что вы думаете, полагаете, говорите и делаете в отношении денег – поскольку это именно то, что вы создадите. Иначе говоря, вы вызываете (практически волшебным заговором) свою жизнь в реальное воплощение, делая это при помощи мыслей, слов и действий. Например, «У меня никогда нет денег, у меня никогда нет денег, у меня никогда нет денег» - это такой заговор. Вы призываете отсутствие денег в вашу жизнь. Как часто вы думаете: «Как бы мне хотелось это сделать, но у меня нет выбора»? «У меня нет выбора» - это именно та реальность, которую вы создаете каждый раз, когда так думаете или говорите. Вы будете творить свой мир в соответствии с этой точкой зрения, не выбирая ничего. Разве это не блестяще? Что вы думаете, говорите и делаете – обладает огромной силой, и оно создает вашу жизнь именно такой, какая она есть сейчас. Если вы хотите поменять то, что для вас не работает, вы должны быть готовы отключить свой автопилот и находится в моменте с тем, что вы создаете.

«Желание против Созидания»

Как часто вы помещаете вещи в список желаний, надеясь, что они появится, но не предприняв никаких действий для их создания?

Я вижу так много людей, которые не хотят брать на себя обязательства по созданию другой финансовой реальности, но они все еще хотят получить все результаты. Они говорят: «Я бы так хотел, чтобы у меня был миллион долларов». Они жалуются или уходят в травму и драму того, чего у них нет, но они не предпринимают ни единого шага к созданию этого. Если вы готовы быть абсолютно честными с самими собой прямо сейчас, насколько хорошо знаком этот сценарий? Чего вы хотите, но при этом не имеете никаких обязательств создавать это?

Обязательство - это желание отдать свое время и энергию тому, во что вы верите. Что если бы вы действительно верили в создание миллиона долларов, и это было не просто в вашем списке желаний?

Желание - это в основном то, что вы выбираете, когда вы уже решили, что у вас этого нет. Когда вы желаете, чтобы у вас был миллион долларов, вместо того, чтобы задавать вопросы и предпринимать шаги для создания того, что появляется в вашей жизни, вы будете судить о том, чего у вас нет; вы будете судить, почему у вас этого нет, вы будете осуждать других людей, у которых это есть, и вы осуждаете то, что никогда не сможете этого сделать. Вы приводите список причин и обоснований, почему этого не может быть, вместо того, чтобы быть преданным своей жизни и созданию миллиона долларов.

Есть блестящая цитата Гари Дугласа: «Единственная причина, по которой вы выбираете суждение, - это то, что вы можете оправдать всё, чему вы не должны быть преданны». Когда вы хотите что-то, вы выбираете быть преданным суждению о том, что вы сказали, вы желаете; вы преданны суждению о вас, а не преданны своей жизни.

Если бы вы были предельно честны, на сколько вы отвечаете за свою жизнь прямо сейчас? На 10%? 15%? 20%? Самое замечательное в том, чтобы быть преданным на максимум 20%, - это то, что, когда миллион долларов не появляется в вашей жизни, это не ваша вина, потому что вы были преданны только на 20%. Что, если бы вы изменили это? Вы готовы быть преданны своей жизни на 100%?

Что если бы сегодня вы начали записывать список того, что вы хотите создать в своей жизни и своей финансовой реальности, а не список желаний, который никогда не будет реализован?

Взгляните на свой список: спросите себя, готовы ли вы быть преданны созданию этого? Каждое утро спрашивайте: «Что требуется предпринять, чтобы создать это?» и «Что я должен предпринять для того, чтобы это произошло?» Затем вам необходимо приложить некоторые усилия для создания этого. Вы должны начать выбирать и посмотреть, что может проявиться.

> _«Выбор в 10-ти секундных промежутках может изменить ваши не приглашения денег на приглашения!»_

Что, если бы вы жили так, как будто у вас был новый выбор каждые 10 секунд? Знаете, что? Знаете, вы можете выбирать в 10 секундные промежутки, зная, что никакой выбор, который вы делаете, фиксируется на месте. Другой способ взглянуть на это: представьте, если все ваши выборы истекают через 10 секунд. Если вы хотите продолжать идти определенным путем, все, что вам нужно сделать, это выбрать это снова, но вы должны постоянно выбирать это осознанно, каждые 10 секунд, так что вам лучше удостоверяться, что это действительно то, что вы желаете иметь! Вы можете быть женаты в интервале 10 секунд. Вы могли бы любить своего партнера в течение 10 секунд, вы могли бы ненавидеть его в течение 10 секунд, вы могли бы развестись с ним на 10 секунд, а затем снова выбрать его в следующие 10 секунд. Вы могли бы сделать это со своими деньгами. Вы могли бы выбрать быть без денег в течение 10 секунд и выбрать создание денег в следующие 10. Что если выбор действительно может быть таким легким?

Вы выбираете что-то, и тогда у вас появляется новое осознание, и вы выбираете снова. Каждый выбор дает вам больше осознанности о том, что возможно, так что почему бы вам не сделать столько выборов, сколько можете? Проблема в том, что мы застреваем в наших выборах, особенно когда делаем выбор важным. Мы делаем выбор значительным, когда считаем, что есть правильный и неправильный выбор.

Я разговаривала с женщиной, которая хотела переехать с того места, где она жила, но она судила себя на счет того, куда переехать. Она не сделала выбора. Ей хотелось, чтобы ее выбор был лучшим, правильным, хорошим, идеальным и точным. Казалось, что она думала, что у нее есть только один выбор, поэтому он должен быть идеальным. Но это так не работает. Выбор не двоичный. Выбор имеет и представляет собой бесконечные возможности.

Когда вы делаете выбор, этот выбор создает реальность и создает осознанность. Это не создает значимость, неизменную твердость в вашей жизни. Мы просто думаем, что это так. Мы делаем это особенно, когда дело доходит до денег. Мы решаем, что мы не можем потерять деньги, которые у нас есть, или деньги, которые мы сейчас создаем, поэтому мы не делаем выборы, которые по нашим опасениям могут поставить под угрозу то, что у нас есть. Вы должны быть готовы потерять деньги - вы должны быть готовы выбрать их, изменить их и создать их тоже - вы должны быть готовы выбрать всё это.

Чтобы выбраться из значимости выбора, вы должны практиковать его. Практикуйте выбор в 10-секундных промежутках. Начните с малого. Когда я начала играть с этим инструментом, я сказала себе: «Хорошо, я собираюсь пройти здесь. Хорошо, я сейчас выбираю чашку чая. Теперь, что я выберу? О, я собираюсь выйти на улицу. Я буду чувствовать запах этого цветка. Я буду сидеть на стуле. Теперь я собираюсь встать и войти внутрь». Я заставила себя продолжать выбирать и оставаться полностью присутствующей с каждым выбором. Я наслаждалась каждым выбором. Я не делала свой выбор важным, правильным, неправильным или значимым. Я просто выбрала, просто ради удовольствия. Начните практиковать выбор и присутствуйте, посмотрите, что каждый выбор создает в вашей жизни. Как ваше тело чувствует себя, что происходит для вас?

Если выбор, который вы делаете, работает для вас, отлично! Теперь продолжайте выбирать. И если выбор, который вы сделали, не работает для вас, продолжайте выбирать.

Каждый раз, когда вы выбираете, что, если бы вы могли сделать себе подарок знания того, что он (выбор) не «высечен в камне»? Если вы выберете что-то, и это будет стоить вам х суммы долларов, и это не сработает так, как вы думали оно будет, вам не придется тратить время осуждая и ругая себя за свой последний выбор! Вам просто нужно снова выбрать. Соберитесь и выберите что-то еще. Посмотрите, что необходимо предпринять, чтобы создать то, что вы желаете, и продолжайте выбирать. Суждение никогда не создаст больше денежных потоков в вашу жизнь. Выбор создаст больше денежных потоков. Какой выбор вы можете сделать сейчас?

Выбор каждые 10 секунд - это не о том, чтобы быть непостоянным и постоянно менять свое мнение, чтобы вы никогда ничего не доделывали. Речь идет о том, чтобы дать вам все больше и больше осознанности бесконечных возможностей, которые действительно доступны для вас, и быть в состоянии сделать выбор любого рода с легкостью и радостью. Это о знании, что вы можете сделать выбор и изменить свой выбор; вы можете продолжать выбирать и фактически создавать то, что вы действительно желаете.

Что если бы вы могли изменить жизнь, реальность, с помощью своих выборов каждый момент каждого дня? Выбор никогда больше не судить себя был бы очень большим выбором. Представьте себе, какие изменения это могло бы создать в вашей жизни. Это изменило бы все. Это то, что вы готовы выбрать в этом году или в следующем? Чего же вы ждете?

Глава 11

Перестаньте зацикливаться на определенном результате

Когда дело доходит до принятия решений в жизни, на сколько вы зациклены на определенном результате, прежде чем вы даже начнете? У меня есть для вас кое-какая информация: все, что вы решили, что должно проявиться – является ограничением. Вселенная способна предоставить гораздо больше. Она хочет дать вам весь океан того, что возможно, но вы сидите себе на пляже, глядя только на одну песчинку.

Если бы вы отказались от того, чтобы быть зацикленными на том, как проявляются вещи, как бы они могли появиться за пределами того, что вы можете себе представить в данный момент? Что если вместо того, чтобы верить в то, что вам нужен конкретный результат в вашей жизни, вы бы взяли на себя обязательство сделать выбор, который полностью расширил бы вашу жизнь и образ жизни, в независимости от того, как бы это самом деле выглядело?

«Что вы можете делать, чтобы иметь больше легкости с выбором, который расширил бы ваше будущее и создал больше денег?»

Когда вы сталкиваетесь с выбором между несколькими вариантами, вот два вопроса, которые могут вам помочь:

- Если я выберу это, какова будет моя жизнь через пять лет?

- Если я это не выберу, какова будет моя жизнь через пять лет?

Когда вы задаете эти вопросы, не судите заранее, что то, что вы «думаете» является наилучшим выбором. Просто позвольте себе получить ощущение энергии того, что создаст каждый выбор. Следуйте этому энергетическому чувству того, что предложит больше расширяющего пространства, даже если это не имеет для вас логического или когнитивного смысла. Что если каждый совершаемый вами выбор будет следовать этому ощущению расширяющего пространства и это будет тем, что изменит реальность окружающих так же, как и вашу? Что если каждый совершаемый вами выбор, который следует этому чувству легкости и свободы изменит ваши денежные потоки?

Мой партнер и я только что закончили ремонт в нашем доме, который обошелся нам почти в четверть миллиона долларов. Мы могли посмотреть на это с негативной точки зрения: «Возможно, мы не можем себе этого позволить». «Нам правда стоит этим заниматься или лучше было бы потратить деньги на что-то еще?» «С домом и так все в порядке, нам совсем необязательно этим заниматься». Но когда мы посмотрели на то, что это создаст в нашем будущем, (спросив: «Какова будет наша жизнь через 5 лет, если мы выберем это?») это совпало с энергией того, что мы желаем создать в нашей жизни – элегантность, декаданс и абсолютную красоту. Эстетика, которую создал Брэндон, просто феноменальна. Эти обновления сделали свой вклад в огромное количество возможностей. Во-первых, Брэндон теперь обладает готовностью признавать свою способность создать нечто совершенно иное. Почти каждый специалист по ремонту, который приходит в наш дом, смотрит, например, на нашу ванную, и говорит: «Ух, я никогда раньше не видел такой ванной!» Она абсолютно уникальна и отличается от других, и потому стимулирует интерес ко всему, что мы создаем. Во-вторых, наш дом теперь оценивается гораздо дороже, чем то, за сколько мы его купили раньше, что создает нам капитал для дальнейших вариантов инвестирования. Как вы можете потратить деньги сегодня, чтобы создать больше для своего будущего, что ранее вы были не готовы признать?

И не забывайте, что, когда вы получаете удовольствие, вы делаете еще больше денег.

Что если бы выбор был настолько прост, как выбор приготовить еду? Что если бы вы могли вдруг решить, что хотите поменять какой-то ингредиент или специю? Что если бы вы могли сказать: «Не хочу сейчас готовить, пойдем лучше в ресторан», а не думали: «Ой нет, я же должен был приготовить по этому конкретному рецепту именно в это время, и если у меня не получится, это значит, что вечер не удастся и я никуда не гожусь?»

Существуют различные области нашей жизни, где мы готовы делать различный выбор легко и быстро, но большинство из нас сделали деньги настолько солидными, реальными и значимыми, что мы думаем, что не можем выбрать сделать что-то иное. А правда в том, что деньги настолько же просты, изменяемы и непостоянны, как и все остальное.

«Еще один инструмент для выбора - позвольте себе поддаться ему!»

Когда вы раздумываете выбрать что-то и не уверены, что хотите выбрать именно это, что если вы дадите себе немного времени получить от этого удовольствие? Получение удовольствия в данном смысле означает «уступить чему-то, поддаться чему-то приятному». То, что я предлагаю этим инструментом, так это то, чтобы вы поддались этому выбору и посмотрели, какова его энергия. Предположим, что вам говорили или вас научили тому, что существует определенная структура, которой должен следовать ваш бизнес, чтобы быть успешным. Если вы не уверены, что это сработает, попробуйте и посмотрите, что это для вас создаст. Проделайте это в течение целой недели. Затем, на следующей неделе оставьте это и выберите: «На этой неделе я не буду следовать этой структуре успеха. Я буду следовать энергии и делать выбор, исходя из этого». Сделайте это и посмотрите, что проявится. Когда я так сделала, я обнаружила, что второй подход оказался гораздо легче, и это удивительно, сколько различных возможностей проявляются, когда вы готовы себе сами не мешать.

Например, однажды «эксперт» по бизнесу мне сказал, что я должна рассылать письма по бизнесу только в течение недели, а не на выходных. Так вот, я решила, что одну неделю я буду функционировать исходя из структуры, из которой я, по словам эксперта, должна была функционировать. Я уступила этому выбору. Я рассылала электронные сообщения и делала звонки по бизнесу только с понедельника по пятницу. К выходным я вернулась к тому, что делала раньше, т.е. я следовала своей осознанности и рассылала сообщения и делала звонки тогда, когда мне это чувствовалось верным. Даже если это означало, что я отправляла сообщение в воскресенье вечером. Я поняла, что «часы работы» ничего для меня не значат. Каждый час был часом работы, все это доставляло мне радость. Мой бизнес также больше расширялся тогда, когда я делала то, что мне подходило.

Этот инструмент можно применять совершенно различным образом. Когда мой партнер Брэндон, и я впервые говорили о том, чтобы снимать большой дом, мы еще не жили вместе и для нас обоих это было серьезным обязательством. Он говорил: «Я не знаю, хочу ли это делать».

Я сказала: «А почему бы тебе этому не поддаться?» Таким образом, в течение трех дней он баловал себя тем, что жил без меня, а в следующие три дня он баловал себя тем, что жил со мной. По истечении этого срока он сказал: «это было просто и очевидно, я бы скорее предпочел все же жить с тобой. Мне это приносит гораздо больше радости».

Когда вы поддаетесь чему-то, у вас гораздо больше осознания об энергии, которая будет создана или сгенерирована этим выбором. Вы начинаете осознавать, что это для вас создаст. Поэтому поддайтесь возможностям. Поддайтесь концепциям успеха этой реальности, структурой успеха, в потом перестаньте. Балуйте себя, следуя энергии и идя против правил этой реальности. Что вам ощущается легче?

Если бы у вас не было правил и установок, не было ориентиров, что бы вы создали? Что если бы не существовало конкретной цели или идеального результата, только бесконечное и безграничное творение? Каким было бы для вас приключение создания денег сегодня? Каково было бы сегодня ваше приключение жизни? В приключении нет правил и установок, есть только бесконечные возможности, из которых вы можете выбирать!

Что если вы просто можете выбрать нечто иное, просто потому, что вам это в радость?

Глава 12

Откажитесь от веры в успех, провал, потребности и желания

Многие из нас верят, что успех определяется тем, как много вещей в жизни у вас правильно. Но успех совсем на связан с этим. Однажды я проводила серии теле-классов, и кто-то мне сказал: «Мне очень понравились твои звонки». Я тут же сфокусировалась на том, что все надо сделать правильно и подумала: «Черт, у меня же еще предстоят три звонка. Что если они не удадутся?» Это сумасшествие! Такие точки зрения могут всплывать очень быстро. Когда мы вдруг решили, что мы обязаны все сделать правильно? Нет правильного. Нет неправильного. Успех также не связан с суммой денег на вашем банковском счете. Успех означает создание того, что мы в мире желаем, будь то деньги, перемены, сознание или осознанность. Сколько раз вы получали именно то, что хотели или к чему стремились? Даже если это не всегда срабатывало с точки зрения наилучшего интереса для вас, именно то, что вы действительно желали, вы и создавали.

Что касается меня, я желала изменить, как люди видят мир. Если я преуспела в том, что изменила точку зрения хоть одного человека, я успешна. С такой позиции я успешна более чем тысячу раз. Где вы успешны, и до сих пор это не признали? Вы проводили всю свою жизнь думая, что должны быть успешны, и тогда сможете что-то изменить. Вы уже успешны, и если хотите еще поменять что-то в жизни, вы можете это сделать.

«Падение и провал»

Много лет назад я очень сильно упала с лошади. После этого, когда я садилась на лошадь, я была в седле с точкой зрения «Интересно, как же я отсюда слечу?» или «Интересно, когда же я упаду?» Все крутилось вокруг падения. Когда я еду кататься на лыжах, все абсолютно по-иному. У меня никогда не было точки зрения, что я буду падать. Я не волнуюсь, что упаду. Если я падаю на лыжах, поскольку катаюсь очень быстро, обычно это большой кувырок в снег, лыжи летят в одну сторону, а ноги в другую. И для меня это нормально.

Я катаюсь на лыжах для удовольствия. Я катаюсь ради радости. Я всегда задаю вопросы: «Что еще я могу сделать? Какой прыжок я могу совершить? Как быстро я могу проехать между этими деревьями?» Это приключение. И это было совсем по-другому, когда я была верхом на лошади. Мне известны люди с совершенно противоположной точкой зрения – они обожают быть верхом и не волнуются, что упадут, но их напрягают лыжи. Единственное, что составляет разницу между тем, что для нас - удовольствие, что для нас – падение, и что для нас – провал, это наша точка зрения и ничего более. Провал – это абсолютная ложь. Суждения всегда будут вас останавливать от того, чтобы создать больше.

Что вы решили обязательно сделать правильно? Вы решили, что ваш бизнес обязательно должен вестись правильно? Или что вы должны принимать правильные решения? Или что вы должны избегать неверных решений или избегать падений и провалов? Что если бы вы знали, что выбор создает осознанность?

Вы уже потратили кучу денег на что-то, что не сработало? Отлично, выбор создает осознанность. Тогда что вы хотите выбрать сейчас? Выбор, который не осуществился так, как вы планировали, это не провал и не ошибка. Просто все произошло по-другому, чем вы думали.

«Что если пришло время быть настолько другим, насколько вы и правда являетесь?»

Что если вы не являетесь неправым или несостоятельным, а просто другим? Что если вы отличаетесь от того, кем вы думали вы являетесь, и вы можете начать выбирать то, что сработает именно для вас, и больше ни для кого? Вы действительно потерпите неудачу? Или вы создадите нечто совершенно иное от того, что создавали раньше?

Вот упражнение, которое вы можете сделать, чтобы осознать, насколько вы отличаетесь, и отказаться от настроя на неудачу:

1. Запишите, что вы считаете своими неудачами в жизни. Вы провалились в бизнесе? Вы сделали выбор, где потеряли деньги? У вас было ужасное расставание после отношений? Вы не сдали математику в школе? После того, как вы их записали, взгляните на каждую неудачу и спросите: «Если бы я не судил об этом как о провале, какой вклад я мог бы получить от этого?» и «Какое осознание это создало в моей жизни, которого не было бы у меня без этого?» Запишите, все, что приходит в голову. Перестаньте осуждать свой выбор и начинайте осознавать тот вклад, изменения и осознание того, что он создал для вас.

2. Запишите, что вы считаете в себе «неправильным». За что вы судите себя? За проволочки? За беспорядок? Всегда должны сделать всё идеально? Посмотрите на список всего того «неправильного», за что себя осуждаете. Спросите: «Если бы я убрал осуждение своей неправильности на эту тему, какую бы сильную сторону это на самом деле проявило?» Вы можете подумать, что нет ничего особенного в проволочках, но я нахожу, что большинство людей, которые откладывают дела либо имеют большую осознанность на счет выбора правильного момен-

та, в чем они себе не признаются, либо они на самом деле способны создавать гораздо больше, чем они думали и их жизнь не достаточно насыщена. То, что они судили - проволочки, - это на самом деле сила и способность, которую они еще не осознали или полностью не воспользовались в качестве преимущества. Что если это верно для всех ваших «неправильностей»? Сколько сильных сторон вы можете начать открывать с помощью этого упражнения? Вскоре вы обнаружите, что не ошибаетесь.

«Я не нуждаюсь в деньгах и не желаю их – и вы тоже!»

Деньги не приходят к тем, кто считает, что им не хватает. Правда в том, что у вас нет недостатка в чем бы то ни было. Если вы живы, у вас нет нехватки. Если вы просыпаетесь утром, у вас есть все необходимое для создания того, что вы желаете. Потребности и желания - это жизнь во лжи о том, что вам чего-то не хватает.

Знаете ли вы, что исходное значение «want (хотеть)» в любом английском словаре, изданном до 1946 года содержит 27 определений, которые означают «нехватку чего-то», и только одно означает «желать»? Каждый раз, когда вы говорите: «Я хочу», вы на самом деле говорите: «Мне не хватает»!

Вы могли бы сделать кое-что для меня прямо сейчас?

Говорите громко 10 раз подряд: «Я хочу денег». Проделайте это сейчас. Какова энергия, которая возникает, когда вы это говорите? Является ли она легкой, весёлой или тяжелой и тянущей вас вниз?

Теперь, скажите следующее 10 раз подряд, вслух: «Мне нужны деньги». Получаете ли вы аналогичный результат?

Наконец, попробуйте сказать: «Я не хочу денег», вслух, по крайней мере, 10 раз и заметьте… Чувствуете ли вы разницу? Стало ли вам легче? Возможно, вы начали расслабляться, улыбаться или даже хихикать?

Эта легкость, которую вы чувствуете, является признанием того, что для вас верно. Потому что, по правде говоря, у вас нет никакой нехватки.

«Необходимость и выбор»

В прошлом году я приехала домой после тура, который длился, похоже, пять тысяч лет. Будучи привыкшей к проживанию в гостиничных номерах, которые всегда обслуживались, а затем зайдя в наш дом, в котором была пыль и грязь от ремонта, я была раздражена, что с вещами в доме было что-то «не так». Я жаловалась: «Мне так хотелось бы хоть однажды войти в этот дом, и чтобы все было на месте, и все было чисто». Брэндон спросил меня: «Что ты делаешь? Что стоит за всем этим?», и я сказала: «Я больше не хочу играть «в дом». Я больше не хочу этого делать. Я не хочу возвращаться домой, где куча грязного белья и грязной посуды!» Мне в действительности нравится быть дома, но энергия, которую я создала расстроившись, не была действительно творческой, она была сжимающей. Я начала делать выводы из состояния гнева, разочарования, что мне приходится иметь дело с этим, что это необходимость и проблема, что выхода нет. Я не смотрела на то, что я хотела бы создать. Я думала, что у меня нет выбора по поводу состояния дома.

Брэндон сказал: «Мы зарабатываем достаточно денег, мы можем нанять кого-то. Я знаю, у нас есть уборщица раз в неделю, и мы могли бы нанять кого-то еще, чтобы они приходили на пару часов и делали всё это», и он был прав. Как только я сделала паузу, чтобы отдышаться, я посмотрела на это и спросила: «Знаешь, что? Я хотела бы, чтобы мой дом был таким, я бы хотела выбрать это сделать», и все стало намного проще. Вместо того, чтобы делать вывод, что я должна сама иметь дело с этим определенным образом (например, должна самостоятельно убирать дом), как необходимость, я смогла увидеть выбор, который у меня был, я могла позволить дому оставаться грязным, я могла бы сама его убрать или я могла бы нанять кого-то, чтобы его убрали для меня, и я уверена, что есть еще больше вариантов, которые я не рассматривала. Теперь у нас есть управляющий, который занимается этими вопросами со всей нашей недвижимостью. Легко.

Что, если все на самом деле выбор? Даже вставать по утрам - это выбор. Вам не обязательно это делать. Вы думаете, что это так, но на самом деле это выбор, который вы делаете. Что если бы это был выбор, который вы могли бы сделать радостно? Вы выбираете жить со своими детьми и вашим мужем. Вы выбираете продолжать ходить на работу каждый день. Что бы вы хотели создать?

Точно так же, как успех и неудача являются ложью, то же самое происходит с потребностями и желаниями. Для вас на самом деле существует только выбор, осознание и снова выбор. И именно так вы создаете деньги - путем выбора, выбора и выбора снова. Если вы выбираете не судить себя или что-либо в своей жизни, вы больше не можете поверить, что вы неудачник или что вам чего-то не хватает. Когда вы выбрали никогда не судить себя, вы начинаете видеть, что правильное и неправильное, хорошее и плохое, и вся эта полярность не является ни реальной, ни истиной, и все, что вам нужно сделать, - это выбирать больше или меньше того, что вы желаете. Это полностью зависит от вас.

Глава 13

Имейте и воплощайте позволение

Позволение - это когда вы - камень в потоке. Все точки зрения в этом мире о деньгах омывают вас, но они не уносят вас с собой. Вы не становитесь результатом того, что окружает вас.

Как часто вы покупаетесь на чьи-то суждения о вас и позволяете им погрузить вас в черную дыру, где вы чувствуете себя плохо, неправильно, расстроенным или уязвленным? Позволение дает вам возможность не перенимать суждения других людей или не судить себя, независимо от того, что происходит.

Когда-то в Австралии были люди, которых я знала несколько лет, они судили меня безостановочно. Они обсуждали меня, в очень недоброй и даже злой форме. Я была расстроена и поговорила об этом с другом.

Друг сказал мне: «Ты, должно быть, вполне крутая сучка, раз это произошло».

Я сказала: «О!»

Мой друг сказал: «Посмотри на их жизнь, а затем взгляни на свою».

Я посмотрела, как выросла моя жизнь за годы, пока я их знала, и насколько сузились их жизни за это время. Я поняла, что они на самом деле судили не меня. Они судили то, что они не были готовы создавать. Теперь я осознаю, что, когда кто-то судит меня, это обычно не обо мне; это о них. Что если бы вы были готовы получать суждения других о себе? Что если бы вы были готовы получить все это?

Используйте это как инструмент! Если вы обнаружите, что судите кого-то, спросите себя, какое у вас есть суждение себя в отношении этого человека. Посмотрите, начнет ли оно ослабляться. Суждение не является реальным, а позволение создает возможности.

Важно также признать, что позволение не является принятием. Это не значит делать вид, что все в порядке. Я выбрала больше не иметь этих людей в качестве близких друзей. Я не решила, что должна принять то, что они делают, и смириться с этим, они все еще были включены в мою жизнь, и я позволила им выбрать меня судить. Я не нуждалась в том, чтобы они изменились, чтобы иметь ощущение свободы и не быть под воздействием их осуждения.

«Вы готовы быть в позволении по отношению к себе?»

Вы находите, что скорее готовы отказаться от осуждения других, чем от осуждения себя? Это потому, что вы не являетесь на самом деле осуждающим человеком. На самом деле вы не судите других людей. Однако, вы будете судить себя 24/7 во веки вечные, в то же время полагая, что вы действительно осуждаете других. Что если вы перестанете судить себя? Большинство из суждений, которые у нас есть о себе, 99% из них - это те, которые мы переняли от окружающих. Мы видели, как они судит себя и друг друга, мы научились это копировать и купились на это, как на свое. Интересный выбор, да?

Вы готовы начать быть добрее к себе? Вы можете признать: «Сейчас я выбираю судить себя. Я понаслаждаюсь этим с минуту, а потом выберу перестать это делать». Вы можете выбрать судить себя, и вы можете выбрать перестать судить себя. Не судите свои суждения!

Вы можете поверить, что вы действительно запутались на минуту, на 20 минут или на целый день, или на 10 лет, если вы действительно этого хотите. А потом вы можете задать вопрос вроде: «Что во мне правильного, что я не понимаю?»

Позволить себе быть собой, означает никогда себя не осуждать, даже если вы сами себя осуждаете. Даже если вы как-то оступились или сделали что-то, что было не самым лучшим вашим выбором. Что если ничего из этого не было неверным? Что если ничего из того, кем вы были и что вы когда-либо делали, не являлось неправильным? И что если с вами нет ничего неправильного? Каким даром в вашей жизни было бы иметь абсолютное позволение для себя? Представьте, никогда больше не осуждать ваш выбор касаемо денег? Вам никогда больше не пришлось бы думать о том, как избежать ошибок в будущем, вы были бы свободны создавать что угодно и абсолютно все, что вы желаете, вы были бы свободны менять и выбирать. Но вам не стоит делать такой выбор, это было бы слишком здорово!

«Не пытайтесь изменить людей»

Мне часто задают следующий вопрос в той или иной форме: «Как я могу убедить своего партнера иметь более позитивное отношение к деньгам?», и я дам вам следующий ответ: «Это не ваше дело, убеждать своего партнера относиться к деньгам более позитивно. Вы должны быть готовы, что он или она могут выбирать все, что угодно. Вы должны полностью позволить своему партнеру иметь или не иметь деньги».

Если вы готовы иметь позитивный настрой в отношении денег, если вы готовы быть счастливы в жизни и в том, как вы живете, и деньги к вам текут, вы можете быть очень удивлены, что проявится для вашего партнера.

Вы также должны быть готовы быть собой. Вы пытались себя сдерживать из-за вашего партнера, из-за семьи или окружающих вас людей? Что если вы будете выбирать для себя?

В моей жизни было время, когда мой партнер проходил через трудные времена. Он целыми днями лежал на диване в печали и в депрессии. Я не старалась его исправить или что-то поменять. Я просто узнавала, как у него дела и продолжала жить свою жизнь. В конце концов, по прошествии нескольких дней он сказал: «Прекрати быть такой счастливой!» Мы оба посмеялись, поскольку это показало ему энергию того, что он выбирал, и он увидел, сколько энергии он тратил на то, чтобы находиться в депрессии и в печали.

Будьте собой и выбирайте то, что вы выбираете, не важно, что для этого потребуется, не важно, как это будет выглядеть, и тогда это пригласит и остальных посмотреть на другие возможности. Пожалуйста, не пытайтесь говорить вашему партнеру, что ему делать. Это никогда не работает. Вам нравится, когда вам указывают, что вам делать или что вы должны изменить в своем отношении, в своих взглядах или в чем-то, что вы делаете? Эта одна из наихудших вещей, которые вы можете сделать по отношению к кому-либо. В результате они будут упираться и ненавидеть вас за это. Позвольте другим людям выбирать то, что они выбирают, и сами продолжайте выбирать то, что вы выбираете.

Глава 14

Будьте готовы быть вне контроля

Иногда жизнь может казаться хаотичной. Происходит там много всего. Так много всего, что можно сделать. Мы часто ошибочно приходим к выводу, что, если бы мы держали все под контролем, все бы наладилось. Что если бы все делали то, что мы говорим, все бы стало проще. Вы же знаете, что никого не можете контролировать, правда? Вы были бы готовы перестать быть психом-контролером подобного масштаба, которым являетесь?

Вы заметили, что чем больше вы стараетесь контролировать вещи, тем труднее и напряженнее все становится? Насколько мелкими вы вынуждены создавать элементы своей жизни, чтобы их легко контролировать? Насколько небольшими вы сделали деньги в своей жизни, чтобы их контролировать? Каким самым большим количеством денег вы можете управлять, до того, как вы позволите другим людям вам помочь с ними обращаться? Каким бы ни было это количество – это тот максимум, который вы когда-либо позволите себе в жизни иметь. Вы думаете, что мультимиллионеры контролируют все свои финансы? Нет! У них есть бухгалтеры, счетоводы, финансовые советники и прочие люди, управляющие их деньгами.

Люди, которые прекрасно управляются с деньгами, знают, что они не обязаны контролировать каждую деталь, они могут нанять людей, которые в таких вещах разбираются лучше. Но они готовы осознавать свое финансовое состояние. Они готовы осознавать, когда что-то работает или не работает, и задавать вопросы, когда что-то чувствуется не так. Что если быть вне контроля может раскрыть для вас гораздо большее и с большей легкостью, чем вы себе это когда-либо представляли? Что если отсутствие необходимости определять, ограничивать, обрисовывать, согласовывать или создавать структуру освободило бы вас и позволило вам иметь гораздо большую и радостную жизнь?

Было время, когда я чувствовала, что в одиночку управляю очень многими вещами. Я сказала Гэри, что чувствую себя подавленной.

Гэри сказал: «Давай поговорим о разнице между быть подавленной или застрявшей. Ты подавлена, когда думаешь, что не можешь с этим справиться. Быть застрявшей означает погрязнуть в мелких деталях всяких разных проектов и всех вещей, которые нужно сделать».

Я сказала: «Именно это и происходит. Я совсем застряла». Вместо того, чтобы отпустить поводья и позволить лошадям скакать в разных направлениях, я создавала контроль так, чтобы «все дороги вели к Симон».

Гэри и я поговорили о том, кто мог бы снять что-то с моей шеи, и даже хотя я видела, что погрязла в деталях, я с большой неохотой отпускала вещи и позволяла другим их сделать. Я не хотела, чтобы с бизнесом Access были бы допущены какие-то ошибки. Гэри напомнил мне, что ошибки – это тоже часть творения. Он сказал: «Нет ничего неправильного. Ты должна нанять хороших людей, чтобы они с тобой работали, и ты должна быть готова к их ошибкам. Ты должна быть готова к тому, что они сделают что-то не так, потому что, когда они совершают ошибку, они создадут нечто большее и лучшее».

В конце концов я поняла, что должна отпустить все маленькие обязанности, за которые я держалась. Когда я их отпустила и наняла кого-то другого этим заниматься, это создало мне гораздо больше пространства. Я имела возможность создать в своей жизни, в бизнесе, в Access еще больше и с большей легкостью. Это означало, что мои деньги и доход также могли более динамично увеличиваться.

Что если бы вы могли создавать свою жизнь, бизнес и различные источники дохода, расширяя свою осознанность и отпуская то, что вы пытались контролировать?

«Что если бы вы могли блестяще творить из хаоса?»

Что если бы вы создавали из хаоса удивительные вещи? Раньше я сильно себя осуждала за то, что я – очень хаотичный создатель. Однажды у меня был бизнес с партнером, который был супер-организованным. У него были составлены списки дел, и он каждый день их вычеркивал. Я так не могла. Я делала звонок, потом смотрела, какими клиентами надо заняться, работала над планами на следующий год, и так далее. По его логике, все это было беспорядочно. Когда он собирался оставить бизнес, мне пришлось подумать, продать его или же заниматься им самой. Он мне сказал: «Симон, ты слишком неорганизованная, чтобы самой вести этот бизнес!» Я думала, что он знал о бизнесе больше меня. Но когда я взглянула на все, что в бизнесе сделала сама, оказалось, что я знала гораздо больше, чем он. Просто у него было такое суждение, что я не знаю, что мне следует делать, поскольку мой способ ведения бизнеса был более хаотичен, а его – упорядочен.

Я вижу людей, которые, когда чувствуют, что им нужно делать миллион вещей, отталкивают от себя эти вещи и уничтожают будущие возможности, вместо того, чтобы спросить: «Сейчас у меня множество проектов, какие вопросы мне следует задать, чтобы все это создать с легкостью? Кого или что еще я могу добавить в свою жизнь, и в мой бизнес? Что нужно, чтобы это было легко, и что сегодня требует моего внимания?» Вы не обязаны каждый день над всем работать. Каждый день отличается от других, каждый день – это приключение. Каждый день вы должны начинать функционировать из не осуждения того, что вы создаете или не создаете.

Когда вы творите из хаоса, возможно всё, что угодно.

В течение следующей недели постарайтесь отпустить вожжи у всего, за что вы так крепко держались. Отпустите все проекты, семью, друзей, деньги, которых вы пытались контролировать, и посмотрите, проявится ли что-то новое. Вместо того, чтобы стараться управлять каждой деталью или ежедневно со всем этим работать, спросите: «Что мне следует сознавать сегодня?» Спросите, что сегодня требует вашего внимания и разберитесь с этим. Если вы с утра проснетесь и спросите: «Что дальше?» «Кому или чему я сейчас необходим, и над чем мне нужно работать, кому мне следует позвонить?» - вы можете приложить свое внимание к этим вещам, а потом перейти к чему-то другому, а потом к чему-то еще. Что если функционирование таким образом не является неправильным? Что если вы не «отвлекаетесь» или не откладываете на потом? Что если вы творите именно таким образом?

Вы будете удивлены, что вы можете создать, когда позволите себе творить что-то из хаоса и радоваться этому. Все это применимо к каждому аспекту вашей жизни: отношениям, бизнесу, семье, денежным потокам, к вашему телу. Помните, что вы не одиноки во вселенной, вселенная будет способствовать созданию вами всего, что вы пожелаете, поэтому просите больше.

Что вы были не готовы отпустить или отказаться контролировать, что если бы отказались от контроля и отпустили это, могло создать вам больше пространства?

Глава 15

Немного о потоке наличности

Однажды я встретилась с очень успешным бизнесменом в Южной Африке. Он был сиротой. В возрасте 15 лет его выгнали из детского дома (потому что после этого возраста подростки должны были заботиться о себе самостоятельно), поэтому он ушел со своим рюкзаком, посмотрел, что бы он хотел создать в своей жизни, и потребовал от себя создать это. Он получил образование и стал адвокатом. Он создал огромный бизнес в Южной Африке - большие курорты, компанию информационных технологий и многое другое.

Я села, чтобы поговорить с ним, потому что меня очень интересовало то, как он создавал вещи. В его подходе к созданию бизнеса и жизни, казалось, была огромная щедрость духа. Вот то, что он сказал мне: «В жизни нужно помнить три вещи: благодарность, веру и доверие. А потом еще поток наличности». Я рассмеялась, зная, что он прав.

Он продолжил: «Если у вас нет потока наличности, вы ограничиваете себя. Вы должны продолжать смотреть вперед и не сдерживать себя, и быть в курсе вашего денежного потока также».

Посмотрите на поток наличности, который у вас есть или которого у вас нет. Что бы потребовалось, чтобы иметь непрерывный поток наличности в вашей жизни? Если у вас есть поток наличности, он создает больше легкости и пространства для возможностей, он устраняет места, где вы говорите: «я не имею» или «у меня отсутствует». Что если вам не нужно класть все яйца в одну корзину, когда дело касается денег? Что если есть много возможностей (потоков дохода) для денег, которые вы можете выбрать?

И что, если создание потока наличности на самом деле лишь игра с возможностями и полное осознание вашей финансовой реальности?

Сколько денежных потоков вы можете создать? Что приносит вам радость, на чем вы можете зарабатывать? Что вам интересно?

Я невероятно занята тем, что я предпочитаю делать с работой, и все же у меня есть другие потоки доходов и творчества, и я продолжаю просить, чтобы каждый день проявлялось больше. Вы интересуетесь антиквариатом, валютой, фондовой биржей, покупкой и продажей товаров на E-Bay? Что для вас может создать больше потоков наличности в вашей жизни, что вы до сих пор не готовы были осознать?

Что еще существует в мире в отношении денег, что вам было бы интересно узнать? Начните образовываться в отношении денег. Какие лица и символы изображены на вашей наличной валюте? Знаете ли вы, какова долларовая стоимость крупнейшей купюры в вашей стране или в других странах? Какого цвета каждая банкнота не только в вашей валюте, но и в других валютах? Познакомьтесь с деньгами, не избегайте их, восхищайтесь им, играйте с ним, отдавайте им должное.

Когда я стала готова получать образование о деньгах и бесчисленных путях, как они могут внести вклад в мою жизнь, я стала готова получать деньги. Когда я позволила себе иметь деньги, я стала готова играть с ними. Неготовность просвещать себя в этой сфере создала долги. Теперь, когда я готова изучать тему денег, иметь деньги и играть с деньгами, это создает больше. И не из значимости этого, а действительно из радости и выбора.

Что если теперь, только в эти 10 секунд, независимо от того, что происходит вокруг вас, вы бы выбрали сыграть? Что если вы выберете жить своей жизнью, как будто это праздник, которым она действительно может быть, и пригласите деньги на вечеринку, под названием «ваша жизнь»? Что если вы бы выбрали быть счастливыми, благодарными, и продолжать выбирать, несмотря ни на что?

Что если создание вашей финансовой реальности было бы поистине постоянным исследованием бесконечных возможностей для создания вашей жизни с радостью, включая ваши потоки доходов и потоки наличности? Что еще возможно, что вы еще не рассмотрели?

Пожалуйста, используйте эту книгу и ее инструменты, пока вы продолжаете менять свою финансовую реальность. Требуется мужество, чтобы выбирать что-то большее, что-то другое, и это не всегда удобно. Если вы читаете эту книгу, если вы живы на этой планете, прямо сейчас, то у вас есть мужество, и у вас есть способность. Все, что вам нужно сделать сейчас – это выбрать.

Часть третья

Обзор и инструменты

ОБЗОР ГЛАВ, ВОПРОСОВ И ИНСТРУМЕНТОВ

В этой главе содержится обобщенная информация об основных моментах, вопросах и инструментах книги. Одно дело читать, как кто-то другой изменил свою жизнь в финансовой сфере, на самом деле я понимаю, что это может расстраивать. Уникальный аспект этой книги заключается в том, что я использовала инструменты Access Consciousness для изменения своей финансовой реальности, и вы тоже можете. Тем не менее, вы должны продолжать выбирать, независимо от того, насколько это не комфортно. Если вы будете использовать эти инструменты каждый день, вы навсегда измените свою финансовую реальность. Пусть приключения начинаются.

ЧАСТЬ ПЕРВАЯ: АЗЫ НОВОЙ ФИНАНСОВОЙ
РЕАЛЬНОСТИ
Глава 1: Что приносит деньги?

ДЕНЬГИ НИКОГДА НЕ ПОЯВЛЯЮТСЯ
ТАК, КАК ВЫ ПРЕДПОЛОГАЕТЕ

Деньги не линейны

Деньги не появляются в вашей жизни линейным способом - они могут проявляться всеми путями, отовсюду. Если вы хотите заработать больше денег в своей жизни, вы должны быть открыты для всех волшебных и чудесных способов - даже если это полностью отличается от всего, что вы рассматривали. Что если у вас могут быть неограниченные потоки доходов? Что если вы можете создавать деньги уникальными только для вас путями? Что если бы у вас не было никакой точки зрения о деньгах?

ВОПРОСЫ

• Какие неограниченные способы появления денег теперь могут существовать для меня?

• Готов ли я отказаться от необходимости считать, определять или вычислять, как будут появляться деньги, и позволить им войти в мою жизнь случайным, волшебным и чудесным образом?

Не определяйте, КАК должны проявиться деньги

Вселенная манифестирует, вы это актуализируете. Манифестация - это то, «как» все проявляется, и это не ваша работа - выяснять, как именно. Актуализация — это просьба, чтобы что-то проявилось, позволяя Вселенной это манифестировать и быть готовым получить это, как бы оно не проявилось.

ВОПРОСЫ

• Что потребуется, чтобы это проявилось?

• Что потребуется, чтобы актуализировать это в моей жизни прямо сейчас?

Будьте терпеливы

Вселенная обладает безграничными способностями манифестировать, и обычно она имеет гораздо более грандиозный и магический способ сделать это, чем вы можете предугадать. Иногда вселенная должна перемещать вещи, чтобы создать то, что вы желаете.

Не судите себя, будьте терпеливы и не ограничивайте будущие возможности.

Деньги – это не только наличные

Есть так много способов, как деньги и денежные потоки могут прийти в вашу жизнь, но, если вы не готовы их осознавать, если вы думаете, что это должно выглядеть определенным образом, вы начинаете думать, что вы ничего не меняете, в том время как на самом деле это не так.

Начните осознавать различные способы проявления денег в вашей жизни. Когда ваш друг покупает вам кофе, или кто-то дарит вам что-то. Это деньги. Это получение.

ВОПРОСЫ

· Где еще я получаю деньги и не осознаю этого?

· Где еще я могу получить деньги, чего я ещё никогда не осознавал?

ПРОСИТЕ И ДАНО ВАМ БУДЕТ

Деньги не судят

Деньги появляются у людей, которые готовы их просить и получать.

Получение - это просто готовность иметь безграничные возможности для того, чтобы что-то пришло в вашу жизнь, без какой-либо точки зрения о том, что, где, когда, как и почему это появляется. Другими словами, когда вы теряете свои суждения о деньгах и о вас в отношении денег, вы можете получить больше.

Что если вам не требуется причины, чтобы просить деньги?

Что если вы можете иметь их просто потому что это весело?

Что если вы можете просто просить их проявиться?

ДЕНЬГИ СЛЕДУЮТ ЗА РАДОСТЬЮ, А НЕ НАОБОРОТ

Если бы ваша жизнь была вечеринкой, захотели бы деньги на неё прийти?

Если вы посмотрите на свою текущую жизнь как на вечеринку, каким приглашением она может быть для денег?

Что если вы начнете жить свою жизнь, как будто это праздник уже сегодня? Что если вы не будете ждать, пока деньги появятся?

Что приносит вам радость?

Энергия, которую вы создаете, когда вы веселитесь, когда вы полностью, счастливо заняты чем-то, что вам нравится, является генерирующей. И не важно, как вы создаете эту энергию.

ВОПРОСЫ

- Что я люблю делать?
- Что приносит мне радость?

Ваша жизнь – это ваш бизнес, ваш бизнес – это ваша жизнь!

Если вы живы, у вас есть бизнес. Он называется бизнес жизни! С какой энергией вы живете свою жизнь? Вы получаете удовольствие?

ИНСТРУМЕНТ: ДЕЛАЙТЕ ЧТО-ТО, ЧТО ВАМ НРАВИТСЯ, КАЖДЫЙ ДЕНЬ

Начните делать то, что вам нравится, по целому часу в день и один полный день в неделю.

ПЕРЕСТАНЬТЕ ПРИДАВАТЬ ДЕНЬГАМ БОЛЬШОЕ ЗНАЧЕНИЕ

Когда вы делаете что-то значимым, вы не можете это изменить

Что бы вы ни сделали значимым, вы делаете это значительнее себя. Начните узнавать, в каких местах вы сделали деньги значимыми, и будьте готовы отойти от этой точки зрения и создать себе иную реальность.

ВОПРОСЫ

- Насколько значимыми я делаю деньги сейчас в своей жизни?
- Если бы деньги были незначимыми, то что бы я выбрал?

Глава 2: Как изменить задолженности?

ВАША ТОЧКА ЗРЕНИЯ СОЗДАЕТ ВАШУ (ФИНАНСОВУЮ) РЕАЛЬНОСТЬ

Какова ваша точка зрения о долгах?

Если вы хотите изменить свое состояние долгов, начните менять свою точку зрения. Ваша предыдущая точка зрения о деньгах создавала вашу текущую финансовую ситуацию.

Вместо осуждения созданных вами долгов, вдохновите себя, задавая вопросы, чтобы изменить ход вещей.

ВОПРОСЫ

· Что еще возможно? ®
· Что я могу сделать и кем быть, чтобы это поменять?

Вы решили, что все плотное и тяжелое в жизни реально?

Что вы решили является для вас реальным, а что нет? Почему вы решили, что это реально? Потому что таков был ваш прошлый опыт? Потому что это «ощущается» реальным: тяжелым, плотным, значимым или непоколебимым? Действительно ли все то, что для вас правдиво, будет ощущаться как тонна кирпичей, или же это заставит вас чувствовать себя легче и счастливее?

ИНСТРУМЕНТ: «ИНТЕРЕСНАЯ ТОЧКА ЗРЕНИЯ, У МЕНЯ ЕСТЬ ЭТА ТОЧКА ЗРЕНИЯ»

Что если в течение следующих 3-х дней на каждую мысль, каждое чувство и каждую эмоцию, которые всплывают (обо всем, не только о деньгах,) вы бы говорили себе: «Интересная точка зрения, у меня есть эта точка зрения. Повторяйте несколько раз, пока это не исчезнет.

ИСТИНА ДЛЯ ВАС ОЩУЩАЕТСЯ ЛЕГКО, ЛОЖЬ ОЩУЩАЕТСЯ ТЯЖЕЛО

Когда что-то для нас истинно, и мы это признаем, оно создает в нашем мире чувство легкости и расширенного пространства. Когда что-то неправда, например, суждение или заключение, к которому мы о чем-то приходим, оно тяжелое и ощущается сжатым или твердым.

ОТКАЖИТЕСЬ ОТ КОМФОРТА ЖИЗНИ В ДОЛГАХ

Что вам нравится в жизни с долгами и без денег?

Если вы готовы задавать вопросы, вы можете признать, что вас удерживает. Если вы это не признаете, то не сможете это изменить.

- Что мне нравится в жизни с долгами?
- Что мне нравится в жизни без денег?
- Что я обожаю ненавидеть в жизни без денег?
- Что я ненавижу любить в жизни без денег?
- Какой выбор я могу сделать сегодня, который может создать больше сейчас и в будущем?

БУДЬТЕ ГОТОВЫ ВЛАДЕТЬ ДЕНЬГАМИ

Существует разница между владением деньгами, их тратой и сбережением.

Большинство людей только хотят иметь деньги, чтобы их тратить. Владеть деньгами отличается от этого. Иметь деньги означает позволить деньгам способствовать росту вашей жизни.

Сбережение денег означает отложить их на черный день. Сбережение денег и владение ими различаются.

Вы некто, кто спрашивает: «Как мне сберечь деньги?» Есть ли в этом вопросе созидательная энергия? Он расширяет ваш выбор либо ограничивает его? Есть ли области, где вы пытаетесь сберечь деньги? Попробуйте спросить: «Если я потрачу деньги, которые пытаюсь сберечь, создаст ли это для меня больше сегодня и в будущем?»

- Какими бесконечными путями я могу генерировать больше денег?
- Какой энергией мне надо быть, чтобы это создать с легкостью?

ПЕРЕСТАНЬТЕ ИЗБЕГАТЬ И ОТКАЗЫВАТЬСЯ ОТ ДЕНЕГ

Вы живете во «вселенной, где нет выбора»?

В вашей жизни есть такие места, где вы отказываетесь или избегаете смотреть на свою денежную ситуацию? У вас замечательные причины, чтобы отказаться выполнять простые и легкие вещи, чтобы создать больше денег? Когда вы чего-то избегаете, отказываетесь от чего-либо или не готовы это иметь, это не позволяет вам выбирать больше или создавать больше. Вы должны быть готовы посмотреть на все точки, где создаете себе вселенную без выбора, и быть готовы ее изменить.

Что самое худшее может случиться, если вы не будете избегать денег?»

Что вы решили, является наихудшей вещью, которая может с вами произойти, если вы не будете избегать денег или своих задолженностей? Что может измениться, если вы будете готовы иметь полное осознание своей финансовой реальности? Вы избегаете делать что-то новое, что может принести вам деньги?

· Какими бесконечными путями я могу генерировать больше денег?

· Какой энергией мне надо быть, чтобы это создать с легкостью?

БЛАГОДАРНОСТЬ

Будьте благодарны за деньги!

Когда вы получаете деньги, сразу же отметьте свою точку зрения. Вы благодарны за каждый доллар, каждый цент, приходящий в вашу жизнь? Или вы склонны думать: «Это совсем не много», «Это покроет этот счет», «Хотелось бы, чтобы у меня было больше»?

ИНСТРУМЕНТ: ТРЕНИРУЙТЕСЬ БЛАГОДАРИТЬ, КОГДА ДЕНЬГИ ПРИХОДЯТ И УХОДЯТ

Тренируйтесь говорить: «Спасибо, я так благодарен, что это проявилось! Пожалуйста, могу ли я получить еще?»

Когда оплачиваете счет, будьте за это благодарны и спросите: «Что потребуется, чтобы эти деньги вернулись ко мне в десятикратном размере?»

Вы готовы быть благодарны себе тоже?

Вы должны быть благодарны за всё, что вы создаете – хорошее, плохое и ужасное. Если вы судите это, вы не сможете увидеть дар вашего выбора, и вы не позволите себе получить возможности, которые сейчас доступны в связи с этим. Если у вас есть благодарность, вы получите совершенно другую реальность. Вместо осуждения себя или всего, что проявляется в вашей жизни, ищите в этом подарок, за который вы можете быть благодарны.

ВОПРОСЫ

· Что в этом правильного?

· Что во мне правильного, чего я не понимаю?

Вы благодарны, когда что-то слишком просто?

Игнорируете ли вы те вещи, которые проявляются в вашей жизни слишком легко? Вы готовы изменить это? «Когда деньги приходят легко, и вы благодарны, вы находитесь на пути к будущему с большими возможностями». - Гэри Дуглас.

ВОПРОСЫ

· Что требуется, чтобы быть благодарным за каждый цент, который появляется?

· Какой благодарностью могу я быть, что позволило бы деньгам приходить легко и радостно в мою жизнь?

Глава 3: Как создать новую финансовую реальность прямо сейчас?

СТРАДАТЬ ИЛИ НЕ СТРАДАТЬ?

Многие люди не думают о том, что у них есть выбор быть грустными, счастливыми, раздражёнными, расслабленными. Внешние обстоятельства не создают настрой, как мы относимся к вещам. Деньги также не создают этого. Это на самом деле просто выбор, который вы можете сделать.

- Если бы я этого не избегал, что бы я смог изменить?
- Какие простые пути получения денег у меня есть, которых я избегал раньше?

БУДЬТЕ ГОТОВЫ ДЕЛАТЬ ВСЕ, ЧТО ПОТРЕБУЕТСЯ

Принять на себя обязательство никогда не отказываться от себя.

Быть себе преданным означает быть готовым иметь приключение своей жизни и выбирать то, что работает для вас, даже если это неудобно, или даже если это предполагает внесение изменений, которые никто не понимает.

Вы ничего не можете требовать ни от кого и ни от чего, кроме себя.

Вы начинаете создавать свою жизнь, когда наконец требуете: «Независимо от того, что потребуется и как бы это ни выглядело, я собираюсь создавать свою жизнь. Я не собираюсь жить в соответствии с чьей-либо точкой зрения или реальностью. Я собираюсь создать свою собственную!»

> Готов ли я потребовать от себя создания того, что я желаю
> в своей жизни, не зависимо ни от чего?

Будьте готовы выбирать, терять, создавать и менять всё, что угодно.

Эйнштейн определял сумасшествие как совершение одних и тех же
действий и ожидание при этом другого результата. Вам необходимо
изменить то, как вы сейчас функционируете, чтобы создать другой
исход.

Если вы пытаетесь что-то изменить в своей жизни, и это не меняет-
а то, где вы, возможно, делаете одно и то же по-дру-
тому, вместо того, чтобы делать что-то совершенно другое.

- Что я решил, является неизменным?
- Что я был не готов потерять?
- Что еще я мог бы выбрать, если бы был готов потерять это?
- Чем я могу быть и что я могу делать иначе, чтобы изменить
  это?

ОТКАЖИТЕСЬ ОТ ВАШИХ ЛОГИЧЕСКИХ И СУМАСШЕДШИХ ПРИЧИН, ЧТОБЫ НЕ ИМЕТЬ ДЕНЬГИ

Может быть пришло время отказаться от финансового насилия над собой?

Финансовое насилие может принимать различные формы, но часто
приводит к тому, что вы чувствуете себя так, как будто вы не заслуживаете самых основных вещей в жизни. Что если вам больше не
нужно так жить?

Какие истории я рассказываю себе о деньгах? Что если это всё ложь?

Позволяю ли я финансовому насилию из прошлого управлять моим будущим?

Какой другой выбор есть у меня здесь?

Вы используете сомнения, страх и вину, чтобы отвлечься от создания денег?

Каждый раз, когда у вас проявляются сомнения, страх, вина или обвинения касаемо денег, или вы одержимы, зациклены или злитесь на свое финансовое положение, вы отвлекаетесь от того, чтобы находиться в моменте и рассмотреть разные варианты и возможности.

ИНСТРУМЕНТ: ИСКЛЮЧИТЕ ЭТО СЛОВО ИЗ ВАШЕГО СЛОВАРЯ

▶ Исключите слово «потому что» из вашего словаря. Каждое «потому что» - это ваш разумный способ купиться на отвлечение внимания при помощи классной истории, чтобы отказаться от себя. Когда вы ловите себя на этом, спросите: «Ой, классная история. Что еще возможно, если я не использую эту историю, чтобы себя остановить?»

ВОПРОСЫ

Как я отвлекаю свое внимание, чтобы остановить себя от создания денег?

Что еще возможно, что я еще не предполагал?

БУДЬТЕ БЕЗОГОВОРОЧНО ЧЕСТНЫ С САМИМ СОБОЙ

Вы готовы не иметь барьеров?

Нас учат верить, что суждения, барьеры и стены, которые мы ставим, будут защищать нас, но на самом деле они скрывают нас от себя самих.

Создание собственной финансовой реальности - это осознание того, что на самом деле есть, а затем выбор того, что создаст для вас больше. Вы должны быть готовы не иметь никаких суждений, никаких барьеров и быть абсолютно уязвимы. С такой позиции вы начинаете видеть, что возможно для вас, что вы отказывались признать.

ИНСТРУМЕНТ: ПРЕВРАТИТЕ СВОЮ НЕПРАВИЛЬНОСТЬ В СВОЮ СИЛУ

Что если ваша неправильность на самом деле является вашей силой? Везде, где вы думаете, что вы ошибаетесь, вы на самом деле отказываетесь быть сильными. Посмотрите на то, что вы решили с вами не так. Запишите это. Взгляните и спросите: «Какая в этом сила, которую я не осознаю?»
Вы, являясь собой, это одна из самых притягательных вещей в мире.
Когда вы судите себя, вы не являетесь собой.

КЕМ Я ЯВЛЯЮСЬ ПРЯМО СЕЙЧАС? СОБОЙ ИЛИ КЕМ-ТО ДРУГИМ?

Что бы вам действительно хотелось иметь?

Частью уязвимости также является безоговорочная честность в отношении того, что вы хотели бы иметь в своей жизни. Если вы прячете или держите это от себя в секрете или притворяетесь, что не хотите того, чего на самом деле желаете, у вас нет шансов на то, что вы действительно будете создавать и выбирать больше, и иметь жизнь, которой вы действительно наслаждаетесь.

ВОПРОСЫ

- Если бы я был собой, что бы я выбрал?
- Если бы я был собой, что бы я создал?

ИНСТРУМЕНТ: ЗАПИШИТЕ, ЧТО ВЫ ДЕЙСТВИТЕЛЬНО ЖЕЛАЕТЕ В ЖИЗНИ

Готовы ли вы быть настолько честными с самим собой, чтобы признать, что хотели бы иметь в жизни, даже если это не имеет никакого смысла для кого-либо еще? Напишите список всего, что вы хотели бы иметь в своей жизни (используйте нижеприведенные вопросы, чтобы помочь себе). Если бы не было ничего невозможного, что бы вы выбрали? Посмотрите на свой список и спросите: «Что требуется предпринять, чтобы сгенерировать и создать это с легкостью?»

ВОПРОСЫ

· Что бы я хотел создать в своей жизни?

· Если я бы мог быть, иметь, делать и создавать всё, что бы я выбрал?

· Что я решил является невозможным, что я действительно хочу иметь?

· Какую самую нелепую или немыслимую вещь могу я попросить?

· Что я бы хотел запросить у вселенной и потребовать от себя?

ДОВЕРЯТЕ ТОМУ, ЧТО ВЫ ЗНАЕТЕ

Вы всегда знали, даже когда что-то не срабатывало.

Вы когда-либо знали, что что-то не сработает так, как вам хотелось бы, но всё равно делали это?

ИНСТРУМЕНТ: ОСОЗНАЙТЕ, ЧТО ВЫ ЗНАЕТЕ

Запишите все моменты, когда вы знали, что не должны были что-то делать, и все случалось именно так, как вы знали. Запишите все моменты, когда все происходило именно так, как вы знали, независимо от того, что говорили остальные. Признайте, что как бы то ни было, вы всегда все знали.

ВОПРОСЫ

Что я знаю о деньгах, что я никогда не давал себе шанса признать, или за что меня обвиняли?

Если бы деньги не были проблемой, что бы вы выбрали?

Вам следует каждый день задавать себе вопросы, если вы хотите что-то изменить и, если вы хотите создать себе финансовое будущее, которое вам подойдет. Каждый день – новый, всегда доступно еще большее количество возможностей. Все, что вам нужно сделать – это задать вопрос.

ВОПРОСЫ

Если бы деньги не являлись проблемой, что бы я выбрал?

Что бы я хотел создать в мире?

Что из этого я бы мог начать воплощать прямо сейчас?

С кем мне следовало бы поговорить?

Что бы мне следовало сделать?

Куда бы мне следовало пойти?

Что бы я мог выбрать сегодня, чтобы начать создавать свою собственную финансовую реальность?

ЧАСТЬ ВТОРАЯ: ДЕНЬГИ, ПРИХОДИТЕ, ДЕНЬГИ, ПРИХОДИТЕ, ДЕНЬГИ, ПРИХОДИТЕ!

Глава 4: Десять элементов, которые заставят деньги приходить (снова и снова)

1. Задавайте вопросы, притягивающие деньги

2. Знайте точно, сколько денег вам нужно для радостной жизни

3. Владейте деньгами

4. Отдавайте себе должное

5. Делайте то, что любите

6. Осознавайте то, что думаете, говорите и делаете

7. Перестаньте зацикливаться на результате

8. Откажитесь от веры в успех, провал, нужду и потребности

9. Наличие позволения

10. Будьте готовы жить вне контроля

Глава 5: Задавайте вопросы, приглашающие деньги

Вопросы являются приглашением к получению, которое позволяет проявиться деньгам. Если вы их не задаете, вы не сможете получать.

Если вы начнете вопрос с «почему» или «как», в большинстве своем вы не задаете вопрос. Если вы ищете определенный ответ (или можете предсказать ответ на вопрос) – знаете, что? Вы не задаете на самом деле вопрос!

Вот примеры вопросов, которые пригласят деньги.

- Что может проявиться и сработает лучше, чем я могу себе представить?
- Что я решил этим создать и какой еще выбор у меня есть?
- Что правильно во мне, чего я еще не осознаю?
- Что совершенно иное я могу делать каждый день или кем могу быть, чтобы лучше сознавать свой выбор, возможности и помощь, которые мне в любой момент доступны?

Начинайте просить деньги прямо сейчас!

Целью этого является просить деньги с большей легкостью. Что если бы просить деньги было бы для вас весело? Сколько удовольствия вы могли бы получить, прося деньги проявиться самыми разными способами?

ИНСТРУМЕНТ: ТРЕНИРУЙТЕСЬ ПРОСИТЬ ДЕНЬГИ

Встаньте перед зеркалом и попросите: «Могу ли я получить деньги прямо сейчас, пожалуйста?» Повторите это много раз.

Когда вам должен заплатить клиент или кто-то должен вам по счету деньги, спросите: «Как бы вы хотели мне за это заплатить?»

Ежедневно используйте вопросы, чтобы приглашать деньги

Продолжайте задавать вопросы. Независимо от того, что проявится – просите большего, просите еще. Что если задавать вопросы станет для вас настолько естественным, что вы превратитесь в живое приглашение возможностей для денег и вас будет не остановить?

ВОПРОСЫ

- Что еще возможно?
- Как может быть еще лучше, чем это?™ (Спрашивайте, когда проявляются хорошие и плохие вещи)
- Какой бы я хотел видеть свою финансовую реальность?
- Что совершенно иное я должен делать или кем быть, чтобы это создать?
- Что совершенно иное я могу сегодня сделать или кем быть, чтобы сразу генерировать больше денег?
- Куда я могу приложить свое внимание сегодня, чтобы увеличить свои денежные потоки?
- Что я могу сегодня добавить в свою жизнь, чтобы сразу создать больше потоков дохода?
- Кто или что еще может поспособствовать мне иметь больше денег в моей жизни?
- Где я могу использовать свои деньги, чтобы это принесло мне еще больше денег?
- Если бы деньги не были проблемой, то что бы я выбрал?
- Если бы я выбирал для себя, для собственного удовольствия, что бы я выбрал?
- Кто еще? Что еще? Где еще?
- Могу ли я получить деньги прямо сейчас, пожалуйста?

Глава 6: Знайте точно, сколько денег вам нужно для радостной жизни!

Вам нужно точно знать, сколько стоит вести ваш образ жизни с чувством радости, иначе вы не сможете эффективно применить все эти замечательные инструменты, поскольку у вас не будет ясности для продвижения вперед.

ИНСТРУМЕНТ: ЗАПИШИТЕ СКОЛЬКО СТОИТ ВАША ЖИЗНЬ, ЕСЛИ ЕЕ ПРОЖИВАТЬ С РАДОСТЬЮ.

Имейте детальное представление, во что вам обходится ваша жизнь. Повторите для бизнеса, если он у вас есть.

Запишите свои траты. Если у вас есть какие-то бухгалтерские отчеты о прибылях и убытках, используйте эти цифры, чтобы понять, во сколько ежемесячно вам обходится ваша жизнь или ваш бизнес.

Суммируйте все свои текущие долги. Если у вас их примерно на 20.000 долларов или меньше, разделите это на 12 и добавьте к списку. Если долги превышают 20.000 долларов, разделите это на 24 месяца или более, если вас так больше устраивает. Просто включите эту сумму в список.

Запишите, сколько стоит то, что вы делаете для радости.

Все это суммируйте вместе.

Добавьте к этому 10% для вашего 10-типроцентного счета.

Затем добавьте еще 20%, просто чтобы было. Потому что в жизни надо получать удовольствие!

Посмотрите, какая сумма у вас получится. Это именно то, сколько вам необходимо на жизнь каждый месяц.

Задавайте вопросы. Выдвигайте требование, чтобы у вас появилась эта сумма и даже больше.

Проделывайте это упражнение раз в 6 или 12 месяцев, поскольку по мере того, как будет меняться ваша жизнь, ваши траты и желания и финансовые требования также изменятся.

ВОПРОСЫ

- Что нужно, чтобы с легкостью создать эту сумму денег и еще больше?
- Что еще я могу добавить в свою жизнь?
- Что еще я могу создать?

Глава 7: Владейте деньгами

ИНСТРУМЕНТ ДЛЯ ВЛАДЕНИЯ ДЕНЬГАМИ №1: 10%-ЫЙ СЧЕТ

Откладывайте 10% от всего, что зарабатываете.

Вы откладываете это в знак уважения к себе. Помните, что это не логично и не линейно. Вселенная тоже энергетически начинает вам способствовать, и у вас появляются деньги из самых невероятных источников.

ИНСТРУМЕНТ ДЛЯ ВЛАДЕНИЯ ДЕНЬГАМИ №2: НОСИТЕ С СОБОЙ НАЛИЧНОСТЬ

Носите с собой столько наличности, сколько, по-вашему, носят богачи.

Если вы видите крупную сумму наличных каждый раз, когда открываете кошелек, что это для вас создает? Способствует ли это ощущению богатства? Это здорово? Попробуйте и узнаете.

Если у вас есть точка зрения на тему того, чтобы носить с собой крупную сумму, поскольку вы думаете, что можете ее потерять или деньги украдут, спросите: «Сколько денег мне нужно носить с собой, чтобы всегда это осознавать?»

ИНСТРУМЕНТ №3 ДЛЯ ВЛАДЕНИЯ ДЕНЬГАМИ: ПОКУПАЙТЕ ВЕЩИ, ОБЛАДАЮЩИЕ ВНУТРЕННЕЙ ЦЕННОСТЬЮ

Вещи с внутренней ценностью сохраняют или увеличивают свою стоимость после покупки.

Такие вещи как золото, серебро, платина, антиквариат, редкие экземпляры имеют внутреннюю ценность.

Рассмотрите возможность покупки ликвидных активов (ценные вещи, которые легко продаются за наличные), которые также имеют эстетическую красоту, что добавляет к вашей жизни, и способствует созданию ощущения богатства и роскоши в вашей жизни, а также обладают денежной ценностью.

ИНСТРУМЕНТ: ЗАНИМАЙТЕСЬ САМООБРАЗОВАНИЕМ В ОТНОШЕНИИ ЦЕННОСТИ И ТОГО, ЧТО СОЗДАЕТ ОЩУЩЕНИЕ ДОСТАТКА ДЛЯ ВАС

Образовывайте себя по поводу ценности вещей, иметь которые в своей жизни вам будет весело. Вам весело иметь наличность также, как и ликвидные активы? Сколько наличности вам требуется в жизни, чтобы иметь ощущение спокойствия и изобилия с деньгами? Что еще вы можете добавить в свою жизнь, чтобы создать ощущение эстетики, изобилия, роскоши и достатка, что расширит каждый аспект вашей жизни и образа жизни?

Есть три способа, как вы можете начать выражать себе признательность более эффективно:

- Осознавайте свою ценность

- Осознавайте, что легко для вас делать, и кем быть

- Осознавайте, что вы создаете

Не ждите, пока другие разглядят вашу ценность

Ожидаете ли вы, что другие признают вас, чтобы вы, наконец, знали, что то, что вы предлагаете - ценно?

Что если вы будете тем, кто признает, что вы ценны, независимо от того, что думает кто-то еще?

ИНСТРУМЕНТ: ЗАПИШИТЕ СВОЮ БЛАГОДАРНОСТЬ СЕБЕ САМОМУ

Возьмите блокнот и запишите, за что вы благодарны себе – добавляйте, как минимум 3 новых пункта каждый день. Потребуйте воспринимать, знать, быть и получать своё великолепие с большей легкостью. Будьте преданны себе и поддерживайте себя в этом.

ВОПРОСЫ

- Что во мне прекрасного, что я никогда не осознавал?

- Что я отказываюсь признать в себе, что, если бы я осознал, создало бы мою жизнь намного более наполненной легкостью и радостью?

Что легко для вас, что вы никогда не признавали?

Что вы находите легким, чтобы сделать? Что вы находите легким и думаете, что это не имеет ценности?

Вы осознаете своё творчество или вы не замечаете его?

Сколько всего вы создаете в своей жизни, а потом отклоняете? Что если вы можете полностью присутствовать в моменте со всем, что происходит и создается в вашей жизни и получать это всё с благодарностью? Заметьте энергию и ощущение возможностей, которые возникнут в вашей жизни с осознанием вроде: «Я создал сегодня что-то действительно великолепное».

- Что потребуется, чтобы получить эти деньги в моей жизни и иметь полную благодарность за них и за себя?

- Где еще я могу осознать свои способности создавать?

- Что если бы я действительно получал удовольствие от своего творчества?

- Сколько удовольствия я могу получать и что еще теперь я могу создать?

Глава 9: Делайте то, что любите

Когда вы включаете больше того, что вы любите делать, вы будете продолжать приглашать деньги прийти поиграть.

Что вы любите делать?

Вы должны начать смотреть на те вещи, которые вы любите делать.

ИНСТРУМЕНТ: СОЗДАЙТЕ СПИСОК ТОГО, ЧТО ВЫ ЛЮБИТЕ ДЕЛАТЬ

Возьмите блокнот и начните записывать всё, что вы любите делать.

Продолжайте добавлять в течении нескольких следующих дней и недель.

Затем посмотрите – делаете ли вы достаточно того, что любите?

Задайте несколько вопросов.

С чем из этого я мог бы сразу создать потоки доходов? (Обратите внимание, если один или несколько пунктов сразу бросятся вам в глаза, что если вы начнете с них?)

Что я должен буду делать, с кем говорить и куда идти, чтобы начать создавать это как реальность прямо сейчас?

Сколько удовольствия я могу получить, создавая это?

ЧТО ЕЩЕ ВЫ МОЖЕТЕ ДОБАВИТЬ?

Вам не обязательно быть на одном пути. У вас может быть несколько направлений и путей. Что если вы можете создать их столько, сколько хотите? Нет ограничений на количество потоков дохода, которые вы можете попросить. Как вы узнаете, какие из них будут актуальны? Если это приносит вам удовольствие, это актуально.

Добавить что-то к вашей жизни создаст больше того, чего вы желаете, а отказ от чего-то - нет.

Если вы начинаете добавлять больше к своей жизни, особенно если вы создаете с тем, что любите, то скука, и подавленность начинают таять.

ИНСТРУМЕНТ: ВЗГЛЯНИТЕ НА ВЕЩИ С ВЫСОТЫ ПТИЧЬЕГО ПОЛЕТА

Практикуйте взгляд с высоты птичьего полета с проектами или той частью вашей жизни, которая вас подавляет. Взгляните и спросите:

«Может ли кто-то поспособствовать этому?»

«Может ли кто-то еще добавить что-то к этому?»

«Может ли кто-то другой сделать это лучше меня?»

«Что я могу добавить в свою жизнь, чтобы иметь больше ясности и легкости с этим всем и даже больше?»

· Если вы ищете больше клиентов в своем бизнесе или вам становится скучно с вашей работой, спросите: что еще я могу здесь добавить?

· Если вы перегружены, спросите: Что я могу добавить? Что еще я могу создать?

Вы создаете по-иному, чем остальные люди?

Люди проецируют на вас то, что вы должны закончить одно, прежде чем начать другое.

Является ли это правдой для вас? Если бы вы не осуждали то, как вы создаете, как неправильное, сколько удовольствия вы бы могли получить, создавая еще больше в своей жизни?

· Что работает для меня?

· Доставляет ли мне больше удовольствия, если несколько проектов идут одновременно?

· Если бы я мог создавать свои деньги и жизнь любым способом, как я желаю, что бы я тогда выбрал?

Глава 10: Будьте осознанны в отношении того, что вы говорите, думаете и делаете

Начните слушать все, что вылетает из вашего рта, или появляется в вашей голове, когда речь заходит о деньгах, особенно те вещи, которые вы склонны автоматически считать истинными, и обычно не ставите под сомнение - что, если они вообще не верны?

Желание против созидания

Как часто вы помещаете вещи в какой-то список желаний, надеясь, что они проявятся, не предприняв при этом никаких действий, чтобы начать их создавать?

Обязательство - это готовность дать свое время и энергию тому, что вы требуете, чтобы проявилось.

ИНСТРУМЕНТ: СДЕЛАЙТЕ СПИСОК ТОГО, ЧТО БУДЕТЕ СОЗДАВАТЬ, А НЕ ТОГО, ЧТО ВЫ ХОТИТЕ

Напишите список того, что вы желаете создать в своей жизни и финансовой реальности, а не просто список того, что хотите. Задавайте вопросы и выбирайте.

Чего я только желаю, вместо того, чтобы посвятить себя созданию этого?

Будучи полностью честным, насколько я сейчас отвечаю за свою жизнь? На 10% или меньше? 15% или меньше? 20%?

Я готов на 100% посвятить себя своей жизни?

Я готов посвятить себя созданию того, что я желаю?

Что требуется, чтобы это создать?

Какие действия требуются от меня, чтобы это произошло?

Выбирайте 10-ти секундными промежутками

Представьте, что любой ваш выбор через 10 секунд утрачивает свою силу. Если вы хотите что-то продолжить, вам всего лишь нужно снова это осознанно выбирать, каждые 10 секунд, поэтому убедитесь, что вы действительно этого хотите! Что если выбор может быть настолько легким? Если вы нечто выбираете, и оно вам не подходит, не стоит тратить время на осуждение и неодобрение себя за свой последний выбор. Вам просто нужно выбрать заново.

> **ИНСТРУМЕНТ: ПРОЖИВАЙТЕ СВОЮ ЖИЗНЬ 10-ТИ СЕКУНДНЫМИ ОТРЫВКАМИ**
>
> Тренируйтесь выбирать в 10-ти секундных промежутках.
> Начните с малого (встать, сесть, сделать чашку чая, выбрать цветок и т.п.).
> Находитесь в моменте с каждым выбором. Получайте удовольствие от каждого выбора. Не делайте его значительным, правильным, неправильным или серьезным. Отметьте, как чувствует себя ваше тело, что происходит?
> Что если каждый раз, когда вы выбираете, вы могли бы подарить себе знание того, что этот выбор «не высечен в камне»?

Глава 11: Перестаньте зацикливаться на определенном результате

Когда нужно сделать какой-то жизненный выбор, насколько вы зациклены на результатах еще задолго до того, как к чему-то приступите? Что если то, что вы решили должно проявиться, является ограничением? Перестаньте зависеть от результата и просите об осознанности, какой выбор расширил бы вашу жизнь и образ жизни. Позвольте себе иметь ощущение энергии того, что создаст каждый ваш выбор. Следуйте ощущению энергии того, что более расширяюще, даже если это и не имеет для вас логического или когнитивного смысла.

ИНСТРУМЕНТ: ПРОСИТЕ ПОЛУЧИТЬ ЭНЕРГИЮ ТОГО, ЧТО СОЗДАСТ ВАШ ВЫБОР

Когда вы собираетесь сделать выбор, задайте следующие два вопроса

Какой будет моя жизнь через пять лет, если я это выберу?

Какой будет моя жизнь через пять лет, если я это не выберу?

Поддайтесь чему-то

Поддаваться чему-то означает «уступить чему-то, погрузиться в это ради удовольствия».

Когда вы раздумываете выбрать что-то и не уверены, что хотите выбрать именно это, что если вы дадите себе немного времени этому поддаться?

ИНСТРУМЕНТ: ПОДДАЙТЕСЬ РАЗЛИЧНЫМ ВАРИАНТАМ ВЫБОРА

Взгляните на то, в выборе чего вы не уверены. В последующие три дня поддайтесь и выберите это.

Когда вы делаете это, ваша осознанность энергии того, что будет сгенерировано или создано этим выбором, гораздо выше. Затем в последующие три дня представьте, каково было бы не делать этот выбор. Что чувствуется для вас легче?

Если бы у меня не было правил и установок, не было ориентиров, что я бы создал?

Глава 12: Откажитесь от веры в успех, провал, потребности и желания

Вы уже успешны, если вы еще и хотите поменять что-то в своей жизни, вы можете это сделать. В каких областях вы уже успешны, но до сих пор себе в этом не признались?

Падение и провал

Провала не существует. Это всего лишь ваша точка зрения. Выбор, который не осуществился так, как вы планировали, это не провал и не ошибка. Просто все произошло по-другому, чем вы думали.

> **ИНСТРУМЕНТ: ВЫБИРАЙТЕ ИСХОДЯ ИХ ОСОЗНАННОСТИ И НЕ СТАРАЙТЕСЬ СДЕЛАТЬ ВСЕ ПРАВИЛЬНО**
>
> Тренируйтесь выбирать так, чтобы создавать в своем мире больше осознанности. Не думайте, правильно это или нет. Что вы хотели бы выбрать?

ВОПРОСЫ

· Что вы решили обязательно сделать правильно?

· Вы решили, что ваш бизнес/отношения/финансовый мир обязательно должны быть правильными?

· Вы решили, что должны принимать правильные решения?

· Вы полагаете, что должны избегать неверных решений или избегать падений и провалов?

· Что если бы вы знали, что выбор создает осознанность?

· Чем этот выбор может вам поспособствовать, что вы пока еще не осознали?

Что если пришло время быть настолько другим, насколько вы и правда являетесь?

Что если вы просто уникальны и не являетесь неправым или неудачником?

ИНСТРУМЕНТ: ПОЖИНАЙТЕ ПЛОДЫ СВОИХ «ПРОВАЛОВ»

Запишите себе, что вы считаете в своей жизни провалами. Когда запишите, посмотрите на каждый пункт и спросите: «Если бы я не оценивал это как провал, какой вклад в мою жизнь это бы внесло?» и «Какую осознанность это создало в моей жизни, которая в ином случае бы не появилась?» Запишите все, что придет на ум. Перестаньте осуждать свой выбор и начинайте осознавать тот вклад, перемену и осознанность, которую это для вас создало. Запишите, что вы считаете в себе «неправильным». Посмотрите на список всего того «неправильного», за что себя осуждаете. Спросите: «Если бы я убрал осуждение своей неправильности на эту тему, какую бы сильную сторону это на самом деле проявило?»

Я не нуждаюсь в деньгах и не желаю их – и вы тоже!

Вы знаете, что оригинальное значение слова «хотеть» в любом английском словаре, изданном до 1946 года имеет 27 определений, которые означают «нехватку чего-то» и только одно, которое означает «желать»? Каждый раз, когда вы говорите «я хочу», на самом деле вы говорите «мне не хватает»!

ИНСТРУМЕНТ: «Я НЕ ХОЧУ ДЕНЕГ»

Тренируйтесь каждый день говорить «я не хочу денег», громко и 10 раз подряд. Отметьте себе, насколько вам стало легче? Легкость, которую вы чувствуете, это осознание того, что для вас является истинным. Поскольку в состоянии истины у вас нет никакой нехватки.

Необходимость и выбор

Нам нравится верить в то, что нам что-то нужно. Но что если на самом деле все является выбором?

ВОПРОСЫ

· Что я решил является необходимостью?

· Является ли это на самом деле необходимостью? Или это выбор?

· Какие необходимые вещи, как я могу признать, являются выбором?

· Что если это выбор, который я сейчас могу с радостью сделать?

· Что я хотел бы создать?

Позволение – это когда вы являетесь камнем в потоке. Все точки зрения в этом мире вас просто обтекают, а не смывают вас вместе с собой. Позволение не означает принятие. Это не попытка поверить в то, что все хорошо. Вы можете прочертить свою границу. Вы можете выбирать то, что подойдет именно вам.

Когда люди что-то судят, это не имеет отношения к вам; это связано с их собственными суждениями о себе и с тем, что они не готовы создавать.

ИНСТРУМЕНТ: КАКОВО ВАШЕ СУЖДЕНИЕ О СЕБЕ?

Если вы обнаружили, что судите кого-то или что-то, спросите себя, какое самоосуждение у вас есть в отношении этого человека или вещи. Посмотрите если оно начнет ослабляться. Суждения не реальны, а позволение создает возможности.

ВОПРОСЫ

Что потребуется, чтобы быть готовым получить суждения (хорошие и плохие), которые есть у других обо мне?

Что если бы я был готов получить их все с легкостью?

Вы готовы быть в позволении по отношению к себе?

Большинство суждений, которые мы имеем о себе, 99% из них - это те, которые мы переняли от окружающих. Они на самом деле не настоящие и не истинные.

ИНСТРУМЕНТ: НЕ СУДИТЕ СВОИ СУЖДЕНИЯ, НАСЛАЖДАЙТЕСЬ ИМИ, А ЗАТЕМ ВЫБИРАЙТЕ СНОВА!

Когда вы судите себя, осознайте: «Сейчас я выбираю судить себя. Я понаслаждаюсь этим с минуту, а потом я выберу перестать это делать».

Вы можете выбрать судить себя и также выбрать перестать судить себя.

Когда вы готовы перестать судить себя, задавайте вопросы.

ВОПРОСЫ

· Что во мне правильного, что я не понимаю?

· Что если ничего из того, что я делал и кем был не было не правильным?

· И что если во мне нет ничего не правильного?

· Каким даром в моей жизни было бы иметь полное позволение для себя?

· Какой добротой я могу для себя быть, перестав судить себя сегодня?

Не пытайтесь изменить людей

Единственный человек, которого вы можете изменить, это вы сами, никто другой. Если вы пытаетесь заставить людей выбрать то, что вы хотите, чтобы они выбирали, они в конечном итоге сопротивляются вам и ненавидят вас за это. Пусть другие люди выбирают то, что они выбирают, и продолжайте выбирать то, что вы выбираете.

ВОПРОСЫ

· Осуждаю ли я выбор моего партнера, моей семьи, друзей?

· Какое позволение я могу иметь в отношении окружающих и их выбора?

· Что бы я выбрал для себя сейчас, что еще не выбирал?

На сколько вы преуменьшили деньги в вашей жизни, чтобы их контролировать?

Что если бы вы могли создать свою жизнь, бизнес и различные потоки доходов, расширив свою осознанность и отпустив то, что вы пытались контролировать?

Что, если бы вы могли блестяще творить из хаоса?

Помните, что создание денег не является линейным? Вы тоже не линейны! Что если бы вы могли создавать, как хотите и как это вам необходимо, даже если это окажется абсолютно хаотичным для других? Что, если бы вы отказались от попыток контролировать свою жизнь и начали бы ее просто создавать? Помните, что вы не одиноки во вселенной, вселенная будет способствовать созданию вами всего, что вы пожелаете, поэтому просите больше.

ИНСТРУМЕНТ: ОТБРОСЬТЕ КОНТРОЛЬ И ОТПУСТИТЕ

В течение следующей недели попробуйте отпустить вожжи всего, за что вы держались так крепко. Отпустите то, что вы пытались контролировать, и посмотрите, проявится ли что-то новое. Задавайте много вопросов.

· Какие вопросы мне необходимо задать, чтобы создать все это с легкостью?

· Кого или что еще я могу добавить в мой бизнес и в мою жизнь?

· Что требуется, чтобы это было легко?

· Что требует моего внимания сегодня?

· Над чем мне нужно поработать сейчас, чтобы создать это?

Глава 15: Немного о потоке наличности

Что если создание потока наличности - это просто игра с возможностями?

ИНСТРУМЕНТ: ОБРАЩАЙТЕ ВНИМАНИЕ НА ВАШ ПОТОК НАЛИЧНОСТИ И ЗАДАВАЙТЕ БОЛЬШЕ ВОПРОСОВ

Посмотрите на поток наличности, который у вас есть или нет. Потратьте время, чтобы обратить на это внимание и задавайте больше вопросов каждый день. Займитесь самообразованием о деньгах.

ВОПРОСЫ

- Что требуется для непрерывного потока наличности в моей жизни?
- Сколько потоков дохода и творчества можно создать?
- С чем я хочу играть?
- Что приносит мне радость?
- Что мне интересно?
- Что еще существует в мире по поводу денег, что мне было бы интересно исследовать?

ЕЩЁ ДВА ИНСТРУМЕНТА ACCESS CONSCIOUSNESS, КОТОРЫЕ ВЫ МОЖЕТЕ ДОБАВИТЬ ДЛЯ БЫСТРОГО РОСТА ВО ВСЕМ

Разница, которую создал Access Consciousness в моей жизни вполне показательна.

Access Consciousness - это массивный набор инструментов для создания изменений в вашей жизни, чтобы в конечном итоге изменить то, как вы функционируете, чтобы не было ограничений, а было все больше и больше пространства для того, чтобы выбрать все, что вы пожелаете.

Речь идет не только о вопросах, концепциях и «использовании» инструментов, которые предлагает Access Consciousness, которые действительно позволяют вам изменять вещи, это очищение лежащей в основе энергии всех точек зрения, заключений и суждений, которые удерживают вещи зависшими и не дают им меняться в нашей жизни. Если бы мы могли разобраться со всем при помощи нашего логического ума, у нас было бы все, что мы когда-либо хотели, это именно безумные точки зрения, которые блокируют нас. Очищающее выражение работает, чтобы изменить все это и многое другое.

Существует два инструмента для очищения и изменения той базовой энергии, которые я настоятельно рекомендую вам использовать вместе с остальными инструментами в этой книге: Очищающее выражение Access Consciousness® и Access Bars®.

Очищающее выражение - это словесный процесс, который вы можете добавить к своим вопросам, который очищает энергию того, где вы сейчас чувствуете себя в ограничении или в ловушке. Access Bars - это телесный процесс, который позволяет рассеять заблокированные компоненты мыслей, чувств и эмоций, которые заперты в вашем теле и ваших точках зрения (вашей жизни).

Я много лет назад читала так много книг, когда искала, как изменить некую область своей жизни, и когда я читала рассказы людей, это меня скорее раздражало, чем помогло, и я подумала: «Ну, это здорово, а как это делать? Как это менять?» Эта книга совсем другая. У вас есть мои истории, у вас есть вопросы и инструменты, и у вас также есть клиринги для работы с Очищающим выражением. Это изменило все для меня. Мое желание состоит в том, чтобы вы знали, что эти инструменты существуют и что вы можете изменить любую область своей жизни, которая, по вашему мнению, не работает для вас. Выбор полностью за вами.

ОЧИЩАЮЩЕЕ ВЫРАЖЕНИЕ ACCESS CONSCIOUSNESS®

Очищающее выражение является одним из основополагающих инструментов в Access Consciousness, которое я бы назвала «волшебством», которое происходит. Это в основном касается энергии. Когда вы задаете вопрос, а затем запускаете очищающее выражение, вы меняете, уничтожаете и рас-создаете все места, где вы создали точку зрения, которая мешает вам иметь, быть или выбирать что-то другое.

Очищающее выражение в основном предназначено для изменения всех тех мест, где у вас есть мысли, чувства, эмоции, ограничения, суждения и выводы, которые не должны существовать, и создает большее ощущение игры и радости, и стимулирует проявление чего-то другого, чтобы создать больше осознанности, так что вам будет доступно больше возможностей.

Полное Очищающее выражение: *Right and wrong, good and bad, POD and POC, all 9, shorts, boys and beyonds®.*

Это сокращение различных видов энергии, которые вы чистите. Прелесть очищающего выражения в том, что вам не обязательно понимать или даже запоминать его целиком. Вы можете просто сказать «POD и POC» (ПОД и ПОК) или «Вся эта фигня» или даже «Та энергия из той странной книжки, которую я прочитал». Поскольку это связано с энергией, а не со словами, процесс все равно запустится.

Ниже приведен сокращенный вариант объяснения слов из очищающего выражения. Если вы хотите больше информации, вы можете получить ее на www.theclearingstatement.com.

RIGHT AND WRONG, GOOD AND BAD (ПРАВИЛЬНОЕ И НЕПРАВИЛЬНОЕ, ХОРОШЕЕ И ПЛОХОЕ)

Эта часть выражения является сокращением для: «Что в этом является правильным, хорошим, идеальным и верным? Что в этом является неправильным, скверным, порочным, ужасным, плохим и отвратительным?».

POD and POC (ПОД И ПОК)

POD (ПОД) означает Точку Разрушения (Point Of Destruction) мыслей, чувств и эмоций, непосредственно предшествующих решениям, фиксирующих на месте некое суждение, точку зрения или энергию, и все способы, с помощью которых вы разрушали себя, чтобы только удержать их на месте. РОС (ПОК) означает Точку Создания (Point Of Creation) мыслей, чувств и эмоций, непосредственно предшествующих решению удержать энергию на месте.

«POD и POC» тажже являются сокращенным очищающим выражением.

Когда вы что-то «ПОД энд ПОК-айте», вы словно вынимаете нижнюю карту из-под карточного домика. И разрушается вся структура.

All 9 (Все 9-ки)

«Все 9-ки» означают девять различных способов, которыми вы создали нечто в виде ограничения в своей жизни. Они представляют собой слои мыслей, чувств, эмоций и точек зрения, которые создали это ограничение жестким и реальным.

Shorts (Сокращения)

«Сокращения» - это короткая версия более сложной серии вопросов, которые включают: Что в этом значимо? Что в этом незначимо? Какое наказание за это? Какова за это награда?

Boys (Мальчики)

У нас есть такая точка зрения, что если мы будем снимать слои, как у лука, мы доберемся до сути проблемы, но насколько часто выясняется, что вы до нее не добираетесь? «Мальчики» (Boys) означают энергетические структуры, называемые ядросодержащими сферами, которые мы ошибочно принимаем за те луковицы, которые, как нам кажется, нам нужно очистить по слоям. Ядросодержащие сферы похожи на мыльные пузыри, которые пускают дети через трубочку. Мы продолжаем прокалывать пузыри, думая, что разбираемся с проблемой, но это ведь ребенок, который продолжает их выдувать. Убрав ребенка, прекращается и поток пузырей. Это энергия, которая с этим связана и коллективно называется «Мальчики».

Beyonds (Запредельности)

Это чувства или ощущения, получаемые вами, когда ваше сердце замирает, дыхание перехватывает или ваша готовность увидеть возможности останавливается. Запредельности проявляются, когда вы впадаете в шок, как, например, после получения неожиданно огромного счета за телефон. Обычно это чувства или ощущения, редко эмоции и никогда не мысли.

КАК РАБОТАЕТ ОЧИЩАЮЩЕЕ ВЫРАЖЕНИЕ

Впервые я услышала очищающее выражение, когда пришла на вечер знакомства с Access Consciousness, и когда я услышала, что фасилитатор класса произнес выражение, я подумала, «Какого черта он говорит? Я понятия не имею, что это такое!» Но на следующее утро, когда я проснулась, я заметила, что у меня что-то изменилось.

Я построила свою жизнь по порядку: подъем в 6:30 утра, спортзал к 7-ми утра (и я обязана пойти в спортзал, иначе я буду себя постоянно ругать в течение дня), офис к 9-ти утра, работа над различными вещами для бизнеса допоздна с понедельника по пятницу. Все это должно было выглядеть определенным образом. И я думала, что оно всегда так и будет.

Утром после этого класса, сидя в кровати, я поняла: «Ой, я даже не проснулась, чтобы сходить в спортзал», и я ощутила некое чувство пространства, и я тогда еще не знала, что произошло.

Фасилитатор с прошлого вечера мне позвонил и сказал: «Привет, просто хочу узнать, как у тебя дела», и я ответила, - «Какого черта ты со мной вчера вечером сделал?» Он спросил: «Что ты имеешь ввиду»? Я объяснила, что ощущалось, будто вся моя жизнь изменилась. Все, что я решила раньше, что мне нужно делать, больше не было для меня ценно. Словно теперь у меня появилась другая возможность, и я понятия не имела, что это было такое. Но прелесть заключалась в том, что я не чувствовала, что мне нужно что-то выяснять. У меня было такое ощущение игривости, какое я не испытывала с тех пор, как была ребенком.

Я точно знала одно, что то, о чем говорил фасилитатор на вводном классе Access, сработало. И мне хотелось большего. Я сразу же спросила: «А что ты проводишь еще? Когда следующий класс?» Фасилитатор сказал мне, какой будет следующий класс, но это было в районе Рождества, и никто не хотел бы прийти на класс в это время года. Я спросила: «А сколько людей тебе нужно для этого класса?» и он сказал: «Четыре человека». Я сказала: «Сделано». За три дня я нашла четырех человек, которые придут на класс, и мы провели его прямо между Рождеством и Новым годом.

Это было мое требование, получить еще больше того, о чем я еще не имела понятия, немедленно. Я находилась в поиске так много лет – с помощью духовных практик, с помощью наркотиков, путешествуя по всему миру, я искала чего-то большего. В каждом аспекте я искала именно это. Уже позже я поняла, что это показало мне меня. Я всегда искала источник изменений где-то еще, вне себя, и то, что я начала осознавать, это то, что я сама являюсь источником перемен.

КАК ИСПОЛЬЗОВАТЬ ОЧИЩАЮЩЕЕ ВЫРАЖЕНИЕ

Чтобы использовать очищающее выражение, сначала задайте вопрос. Когда вы задаете вопрос, это вызывает определенную энергию. Возможно, это даже спровоцирует некие мысли, чувства или эмоции, а может и нет. Затем вы просите очистить энергию, которая вызвана Очищающим выражением, проговаривая ОВ. Например,

«Какие суждения у меня есть касаемо создания денег?» Все это (т.е. всю энергию, которая поднимается от этого вопроса), я рас-создаю и уничтожаю. *Right and wrong, good and bad, POD and POC, All 9, shorts, boys and beyonds*»

На классе фасилитатор задает вам вопрос и спрашивает: «Все, что это вызывает, вы готовы уничтожить и рассоздать?» И потом запускает Очищающее Выражение. Причина, по которой мы так делаем, это то, что именно вы решаете, сколько вы готовы изменить и от чего готовы избавиться. Очищающее Выражение не убирает ничего из того, что для вас работает или что вы, не желаете менять. Оно только уберет то, что вы готовы и желаете отпустить.

В конце этой главы я включила список процессов (вопросов с Очищающим Выражением), которые вы можете запускать. Смысл в том, чтобы вы запускали их снова и снова, чтобы продолжать очищать еще больше и больше энергии, и обрести больше легкости, пространства и выбора в какой-то определенной области.

ACCESS БАРЫ®

Access Бары это 32 точки на вашей голове, которые при легком касании начинают растворять мысли, чувства и эмоции, которые у вас есть на такие темы, как исцеление, грусть, радость, сексуальность, тело, старение, креативность, контроль, деньги и многие другие. Я уверена, что у вас нет никаких точек зрения на эти темы, правда?

Я убедительно предлагаю вам получать сессии Баров. Это позволяет вашему телу включаться в создаваемые вами изменения. И чем больше вы включаете свое тело в процесс изменения своей жизни, тем больше этот процесс будет наполнен радостью и легкостью.

В первый раз, когда мне запустили Бары, это создало для меня такое пространство, где, казалось, у меня нет жестких точек зрения ни о чем. Было больше возможностей выбрать что-то другое. Чем чаще вы запускаете Бары, тем больше становится это пространство.

Еще один способ, как вы можете использовать Бары для того, чтобы изменить вещи, это говорить обо всем, связанном с деньгами, когда вам запустили Бар «деньги». Происходит то, как будто мы нажимаем кнопку «Стереть все, чем вы думаете являются деньги; все точки зрения, на которые купились касаемо денег; все точки зрения вашей семьи, друзей, культуры, к которой вы были рождены, и так далее». И это начинает создавать вашу собственную финансовую реальность.

Найдите специалиста или даже сходите на класс. Обучение Access Bars занимает всего один день, и вы проводите весь день, запуская Бары, получая две сессии и проводя две сессии. Вы уйдете с этого класса, ощущая себя совершенно другим человеком.

Для получения большей информации, смотрите www.bars. accessconsciousness.com.

ДЕНЕЖНЫЕ ПРОЦЕССЫ ACCESS CONSCIOUSNESS

Следующий список денежных процессов - это то, что вы можете запустить, чтобы очистить энергию, которая мешает вам иметь больше возможностей. Чем больше вы запускаете эти процессы, тем больше изменений вы получаете. Они также доступны в аудио (вы можете скачать их бесплатно с сайта www.gettingoutofdebtjoyfully.

com/bookGIFT), которое вы можете воспроизводить в повторяющемся цикле на вашем mp3-плеере или телефоне. Вы даже можете проигрывать это на самой маленькой громкости во время сна. Они будут работать еще более динамично, когда на пути не стоит ваш когнитивный ум. Получайте удовольствие! Помните: выходите из долгов с радостью!

Что для вас значат деньги? Всё это вы готовы рассоздать и уничтожить? Right and wrong, good and bad, POD and POC, all 9, shorts, boys and beyonds. ®

Что вы решили и заключили является правильным по поводу денег? Всё это вы готовы рассоздать и уничтожить? Right and wrong, good and bad, POD and POC, all 9, shorts, boys and beyonds. ®

Что вы решили и заключили является неправильным в отношении денег? Всё это вы готовы рассоздать и уничтожить? Right and wrong, good and bad, POD and POC, all 9, shorts, boys and beyonds. ®

Возьмите сумму денег, которую вы сейчас зарабатываете и умножьте ее на 2, прочувствуйте энергию этого. Всё, что не позволяет этому проявиться, вы готовы рассоздать и уничтожить? Right and wrong, good and bad, POD and POC, all 9, shorts, boys and beyonds. ®

Теперь возьмите сумму денег, которую вы в сейчас зарабатываете, и умножьте ее на 5, прочувствуйте энергию этого. Всё, что не позволяет этому проявиться, вы готовы рассоздать и уничтожить? Right and wrong, good and bad, POD and POC, all 9, shorts, boys and beyonds. ®

Теперь умножьте на десять. Всё это вы готовы рассоздать и уничтожить? Right and wrong, good and bad, POD and POC, all 9, shorts, boys and beyonds. ®

Теперь умножьте на 50. Теперь вы зарабатываете в 50 раз больше, чем в настоящий момент. Все суждения, проекции, разделения, всё, что вы решили и заключили может возникнуть, готовы рассоздать и уничтожить? Right and wrong, good and bad, POD and POC, all 9, shorts, boys and beyonds. ®

Теперь умножьте на 100. Всё это вы готовы рассоздать и уничтожить? Right and wrong, good and bad, POD and POC, all 9, shorts, boys and beyonds. ®

Какой энергией я сегодня должен быть и что делать, чтобы генерировать больше денег прямо сейчас? Всё это, помноженное на богзиллион (это настолько большое число, что только Бог знает!), вы готовы рассоздать и уничтожить? Right and wrong, good and bad, POD and POC, all 9, shorts, boys and beyonds. ®

Где вы ограничиваете себя и то, что вы можете создать, потому что зациклились на деньгах, а не на удовольствии? Всё это, помноженное на богзиллион, вы готовы рассоздать и уничтожить? Right and wrong, good and bad, POD and POC, all 9, shorts, boys and beyonds. ®

Какой генерирующей энергией, сознанием и пространством могу быть я и моё тело, что позволит каждому дню быть празднованием жизни? Всё это, помноженное на богзиллион, вы готовы рассоздать и уничтожить? Right and wrong, good and bad, POD and POC, all 9, shorts, boys and beyonds. ®

Что вы доказываете с помощью денег? Что вы доказываете, не имея денег? Всё это, помноженное на богзиллион, вы готовы рассоздать и уничтожить? Right and wrong, good and bad, POD and POC, all 9, shorts, boys and beyonds. ®

Какое создание денег вы используете, чтобы утверждать реальности других людей и опровергать свою? Всё это, помноженное на богзиллион, вы готовы рассоздать и уничтожить? Right and wrong, good and bad, POD and POC, all nine, shorts, boys and beyonds. ®

Что вы решили по поводу денег, что если бы вы это не решили, это создало бы совершенно другую реальность и денежный поток? Всё это, помноженное на богзиллион, вы готовы рассоздать и уничтожить? Right and wrong, good and bad, POD and POC, all 9, shorts, boys and beyonds. ®

Что вы любите в том, чтобы ненавидеть деньги? Что вы ненавидите по поводу того, чтобы любить деньги? Всё это, помноженное на богзиллион, вы готовы рассоздать и уничтожить? Right and wrong, good and bad, POD and POC, all 9, shorts, boys and beyonds. ®

Что вы имеете против того, чтобы быть богатым и состоятельным? Всё это, помноженное на богзиллион, вы готовы рассоздать и уничтожить? Right and wrong, good and bad, POD and POC, all 9, shorts, boys and beyonds. ®

Что вы решили является деньгами, что на самом деле ими не является, что удерживает вас от того, чтобы делать много денег? Всё это, помноженное на богзиллион, вы готовы рассоздать и уничтожить? Right and wrong, good and bad, POD and POC, all 9, shorts, boys and beyonds. ®

Какие секреты у вас есть с деньгами? Каковы ваши темные, глубокие секреты? Всё это, помноженное на богзиллион, вы готовы рассоздать и уничтожить? Right and wrong, good and bad, POD and POC, all 9, shorts, boys and beyonds. ®

Вы готовы работать достаточно тяжело, чтобы быть миллиардером? Всё это, помноженное на богзиллион, вы готовы рассоздать и уничтожить? Right and wrong, good and bad, POD and POC, all 9, shorts, boys and beyonds. ®

Какие убеждения у вас есть по поводу денег, дохода, бизнеса и успеха? Всё это, помноженное на богзиллион, вы готовы рассоздать и уничтожить? Right and wrong, good and bad, POD and POC, all 9, shorts, boys and beyonds. ®

Везде, где вы решили, что много денег – это немыслимо, вы готовы рассоздать и уничтожить? Всё это, помноженное на богзиллион, вы готовы рассоздать и уничтожить? Right and wrong, good and bad, POD and POC, all 9, shorts, boys and beyonds. ®

Какой энергией, сознанием и пространством можете быть вы и ваше тело, что позволит вам иметь слишком много денег и никогда не достаточно? Всё это, помноженное на богзиллион, вы готовы рассоздать и уничтожить? Right and wrong, good and bad, POD and POC, all 9, shorts, boys and beyonds. ®

Сколько из вас создают, основываясь на отсутствие денег? Вы делаете деньги источником созидания, вместо СЕБЯ? Всё это, помноженное на богзиллион, вы готовы рассоздать и уничтожить? Right and wrong, good and bad, POD and POC, all 9, shorts, boys and beyonds. ®

Что вы знаете об инвестициях, что вы отказывались признавать, что если вы признаете это, создаст вам больше денег, чем вы когда-либо мечтали? Всё это, помноженное на богзиллион, вы готовы рассоздать и уничтожить? Right and wrong, good and bad, POD and POC, all 9, shorts, boys and beyonds. ®

Сколько различных денежных потоков вы можете создать? С какими другими денежными потоками вы можете поиграть? Где вы не позволяли случайным денежным потокам проявиться, которые могли бы создать больше денег, чем вы когда-либо думали? Всё это, помноженное на богзиллион, вы готовы рассоздать и уничтожить? Right and wrong, good and bad, POD and POC, all 9, shorts, boys and beyonds. ®

Что у вас есть, что вы не готовы использовать для увеличения денежных, валютных потоков и потоков дохода? Всё это, помноженное на богзиллион, вы готовы рассоздать и уничтожить? Right and wrong, good and bad, POD and POC, all 9, shorts, boys and beyonds. ®

Где вы сдаетесь с тем, чтобы создавать недостаток денег, который вы выбираете? Всё это вы готовы рассоздать и уничтожить? Right and wrong, good and bad, POD and POC, all 9, shorts, boys and beyonds. ®

Что вы сделали столь жизненно важным по поводу того, чтобы никогда, никогда, никогда, никогда, никогда, никогда не иметь денег, что поддерживает постоянное состояние без изменений, без созидания, без веселья, без счастья? Всё это, помноженное на богзиллион, вы готовы рассоздать и уничтожить? Right and wrong, good and bad, POD and POC, all 9, shorts, boys and beyonds. ®

От какого энтузиазма вы отказываетесь, который вы действительно могли бы выбрать, что если бы вы его выбрали, создало бы больше денег, чем вы когда-либо думали было возможно? Всё это вы готовы рассоздать и уничтожить? Right and wrong, good and bad, POD and POC, all 9, shorts, boys and beyonds. ®

Кого или что вы отказываетесь потерять, что если бы вы их потеряете, позволило бы вам иметь слишком много денег? Всё это вы готовы рассоздать и уничтожить? Right and wrong, good and bad, POD and POC, all nine, shorts, boys and beyonds. ®

Кем вы отказываетесь быть, что если бы вы этим были, поменяло бы полностью вашу финансовую реальность? Всё это вы готовы рассоздать и уничтожить? Right and wrong, good and bad, POD and POC, all 9, shorts, boys and beyonds. ®

От какого уровня энтузиазма и радости жизни вы отказываетесь, что если бы вы от этого не отказывались, изменило бы полностью вашу финансовую реальность? Всё это вы готовы рассоздать и уничтожить? Right and wrong, good and bad, POD and POC, all nine, shorts, boys and beyonds. ®

Что вы не были готовы получить, что если бы вы это получили, создало бы денежные и валютные потоки, которые вы действительно знаете, что заслуживаете? И всё, что не позволяет этому проявиться, вы готовы рассоздать и уничтожить? Right and wrong, good and bad, POD and POC, all 9, shorts, boys and beyonds. ®

Сколько сомнений вы используете, чтобы создать ту нехватку денег, которую вы выбираете? Все это, вы готовы рассоздать и уничтожить? Right and wrong, good and bad, POD and POC, all 9, shorts, boys and beyonds. ®

Что вы создали в своей жизни, что ранее не были готовы признать, что если бы вы это признали, могло создать вам гораздо больше? Все это, вы готовы рассоздать и уничтожить? Right and wrong, good and bad, POD and POC, all 9, shorts, boys and beyonds. ®

Что вы сейчас способны создать, что были не готовы воспринимать, знать, быть этим и получать, что если бы вы это выбрали, оно реализовалось бы в виде меньшей работы, больших денег и больших перемен в мире? Все это, вы готовы рассоздать и уничтожить? Right and wrong, good and bad, POD and POC, all 9, shorts, boys and beyonds. ®

Часть
Четыре

Истории о переменах

ИСТОРИИ О ПЕРЕМЕНАХ

Иногда, когда вы читаете, как кто-то изменил свою реальность с деньгами, можно легко подумать: «Ну, у них все было совсем по-другому, для них это было легче, для меня наверняка это не сработает».

В реальности не имеет значения откуда вы, сколько вам лет, насколько вы молоды, есть ли у вас какие-то деньги и много их или нет – не обязательно, что ваша ситуация с деньгами выглядит так, как она выглядела в прошлом или даже так, как она выглядит сейчас; она может меняться и расширяться.

Вокруг меня находится множество людей; чудесные, удивительные люди, которые, насколько я знаю, не всегда имели финансовую ситуацию такую, как сейчас. Мне не терпелось взять у них интервью и, в особенности, поделиться этим с вами в книге.

Все эти люди либо выросли, либо жили в ситуациях, когда они боролись за деньги и имели ограниченные точки зрения о деньгах – и они все это изменили. Я надеюсь, что их истории вас вдохновят и помогут понять, что изменение ситуации с долгами и точек зрения о деньгах не должно быть значимым, это просто нечто в вашей жизни, что вы можете поменять.

Примечание: нижеследующие интервью являются редактированными рассказами. Полные интервью транслировались в эфире радио-шоу «Радость Бизнеса». Вы можете найти и прослушать записи выпусков шоу в наших архивах на http://accessjoyofbusiness.com/radio-show/

ИНТЕРВЬЮ С КРИСТОФЕРОМ ХЬЮСОМ

Эпизод из интернет радио-шоу «Радость Бизнеса». «Как с радостью выйти из долгов с Кристофером Хьюсом», эфир от 27 июля 2016.

Какова была твоя жизнь, когда у тебя были долги? Как ты жил, когда у тебя не было денег? Каковы были твои ключевые точки зрения?

Я исходил из таких ключевых точек зрения, как: все это слишком сложно, у меня нет таких возможностей, как у других людей, либо их слишком мало, чтобы мне что-то подошло. И функционировал я исходя из этих позиций.

Я думал, что денег не хватает, и в мире есть очень мало людей, способных помочь мне делать то, что я хочу, или заинтересованных в моих продуктах и сервисах, которые я предлагал. Ну, понимаешь, миллион разных причин.

Было ли это тесно связано со всеми моментами, где ты был не готов разглядеть ценность денег или свою собственную ценность?

Ну, и да, и нет. Это было связано с самооценкой, однако я также рассматривал свою ситуацию как причину, из-за которой у меня не было необходимых мне денег. Невероятно, насколько мало у меня иногда было. Я не только был в долгах, но иногда это было так: «Эх, у меня почти закончился бензин, а в кармане всего 50 центов. Наверно мне надо ехать помедленнее, чтобы расходовать поменьше бензина. Мне бы просто добраться до дома».

Доходило до такого: «Что я могу сделать с баночкой тунца, чтобы сегодня себя порадовать?» И это, если я вообще мог позволить себе этого тунца! Но все крутилось вокруг проецирования причин на мою текущую ситуацию. Это очень смешно, потому что я в своей жизни так обычно не поступал. У меня скорее была тенденция винить себя за что-то, но по какой-то причине в ситуации с деньгами я всегда говорил, что это сложившиеся обстоятельства, это ситуация, в которой я нахожусь, это просто такой сценарий. Таковы были мои фильтры, через которые я все это время смотрел.

Так это не было твоей виной? Это была чья-то иная вина, что у тебя не было денег, так? Как же ты стал хозяином ситуации?

Абсолютно. Мне нужно было пресытиться этой ситуацией нехватки денег, разозлиться и потерять терпение, чтобы наконец заявить: «Погодите, почему на самом деле я это выбираю? Почему я перекладываю ответственность на сценарий и ситуацию?» Я понял, пройдя через классы Access Consciousness и как следует посмотрев на ситуацию: «Ой, точно так же жила моя мама, которая меня вырастила». У нее были все причины для того, чтобы обвинять целый мир. Она вышла замуж, когда ей было 16, поскольку было беременна, и в результате к 25 годам у нее было 3 детей, старшему из которых было около 9. Она только закончила школу, не получив больше никакого другого образования. Мой отец был достаточно жестоким человеком. Я помню, что однажды она забрала меня после финального дня в садике и мы уехали в другой город, чтобы от него спрятаться. Он был настолько жестоким. Она работала в магазинчике «С 7-ми до 11-ти» в течение дня и училась по вечерам, чтобы потихоньку, но расти. Однако, у нее было множество точек зрения. Я вырос в сценарии и в ситуации, что за жизнь надо бороться, она трудна. Это как карты, которые тебе раздали, а не то, что ты сам создал.

Помнишь ли ты четко, когда создал энергию неведения или избегания, или что долги останутся с тобой навсегда?

Моя позиция или отличительная черта всегда была в том, что я всегда был в поездках, я был путешественником. Я родился в Канаде в маленьком городке, но уехал сразу как смог. Потому что так делали все, если только не были беременными, как моя мать. Поэтому я всегда путешествовал и пытался начать новую жизнь, я переехал в другую часть страны на 4 года, затем на несколько лет уехал в Азию, разъезжал тут и там. И мне никогда не приходилось где-то осесть или остаться где-то и построить свою жизнь там.

Поэтому, да, приходило множество конвертов с оповещениями: «Мы приостанавливаем вам этот сервис» или «Вы не сделали то, что были должны», и мне никогда не приходило в голову, что это может повлиять на мою жизнь, поскольку я там все равно не собирался оставаться. Я просто махнул на это рукой. Я был за рулем одного куска металлолома за другим, поскольку в то время это все, что я мог себе позволить и это были самые страшные железяки, которые вы когда-либо видели.

Я помню, как одна машина сломалась, и я просто махнул рукой, вынул мелочь, которая лежала в подстаканнике, положил ее в карман и ушел, оставив машину на обочине. И этим все сказано. Я не был готов посвятить себя жизни, в которой я бы заботился о себе, заботился о вещах, где я заботился бы о себе настолько, чтобы мой доход не только покрывал бы все мои траты, но и мне бы тоже оставалось что-то.

На самом деле это было очень забавно. Мне надо дорассказать тебе конец истории про то, как я ушел от того куска металлолома. Я не просто забрал с собой мелочь из машины. Я это конечно забрал, но еще в то время я жил в Квинсленде в Саншайн-Кост, который находится примерно в двух часах от Бризбана. Моя машина заглохла именно там, а я был в Бризбане и купил подарок для партнера Симон, Брендона, и я забрал этот подарок, набор кастрюль и сковородок, поскольку он начал увлекаться кулинарией, и всю мелочь, и использовал эту мелочь, чтобы заплатить за билет на поезд от Бризбана да Саншай-Кост. Я помню, что у меня ничего не осталось, и когда я добрался до Саншайн-Кост, железнодорожная станция была в 35-45 минутах от того места, где я тогда жил, и я подумал: «Я совершенно не знаю, как мне добраться до дома». У меня абсолютно не осталось денег.

И как ты добрался домой?

У меня было настолько мало денег, что мне пришлось звонить всем, кого я знаю, чтобы найти хоть кого-то, кто довезет меня эти последние 30 минут домой.

Недавно ты впервые проехался на машине Тесла, когда ты вылез, то сказал: «Здорово, я думаю, что хочу новую машину. Кажется, пришло время обновить».

В настоящее время Тесла стоит примерно 220.000 австралийских долларов. Когда ты смотришь на что-то подобное в своей жизни… где все это было бы в твоей вселенной годы назад? Какова была твоя точка зрения тогда? И какова твоя точка зрения сейчас?

Годы назад, на самом деле это было не так много лет назад, я подумал бы: «Господи, даже и не пытайся». Но я мог бы сделать то же самое и с машиной за 50.000 долларов. Поэтому автомобиль за 220.000 был бы просто нелепостью и полным абсурдом, и зачем об этом было в принципе думать, даже и не стоило смотреть или ходить мимо такой машины. Но не сейчас. Я бы сказал: «Так, чтобы это создать, нужно будет немного поторговаться, поискать пути, и мне нужно будет посмотреть, какое финансирование я могу получить, но, скорее всего, я с этим разберусь».

Недавно я был в магазине и купил три красивые рубашки по 500 долларов за каждую, что ранее, повторюсь, когда я был в долгах, было бы: «Эй, что же ты делаешь?» Но я купил все, что были в моем размере. Я бы купил еще, если бы они у них были. И это было абсолютно иной точкой зрения и парадигмой. Это было: «Да, а почему бы и нет?» Это было одной из основных вещей, которую я заметил, живя не в долгах, что в моей жизни появилось огромное пространство, где я уже не функционирую из ограничений.

Что в своей жизни ты изменил, чтобы это создать? Что тебе пришлось потребовать? Какие инструменты ты использовал, чтобы это изменить, чтобы больше не функционировать из ограничений?

Было несколько вещей. Гэри Дуглас познакомил меня с инструментом Access Consciousness, который называется 10%-ный счет. С каждого доллара, который приходит в вашу жизнь, вы берете 10% и откладываете их в знак уважения к себе; вы не тратите их, не используете для платы по счетам, не спускаете на непонятно что. Но для меня это было трудно, я никак не мог объяснить себе, что, если мне приходит красный конверт с уведомлением, что: «Мы собираемся отключить вам электричество», я не могу использовать свои 10%. Поэтому я начал как бы обманывать себя, чтобы иметь деньги, а именно я начал покупать серебро.

Серебро – это ликвидный товар на бирже. На рынке всегда есть текущая ежедневная цена для серебра. Это валюта. Поэтому я покупал такие вещи на мои 10%, которые стоили бы денег, но вы не могли бы их использовать для оплаты счетов. Я имею в виду, что вы могли бы взять их и обменять на валюту или что-то еще, и вы могли бы потерять деньги или заработать на торговле, но это очень неудобно. И этот маленький буфер между тем, сколько времени мне было нужно, чтобы продать товар для оплаты счета, всегда давал мне достаточно времени, чтобы сказать: «Нет, подождите. Мне бы очень хотелось иметь это в моей жизни». И классная вещь для меня в том, что иногда с моими 10% я покупал ложку за 40 долларов, а иногда покупал килограмм серебра, который сегодня стоит около 900 австралийских долларов. И через некоторое время эти маленькие и большие шаги действительно начали складываться воедино. Я помню, как обращался за ипотекой год или два назад, и понятия не имел, одобрят мне её или нет; захочет ли банк правда одолжить мне деньги. И мы прошлись по дому, складывая все серебро и золото, и тому подобные вещи, и оказалось, что у нас было около 150 000 долларов только серебра.

Исходя из этого, банк подумал: «Да, мы предоставим вам деньги. Вы располагаете активами». И я сказал: «Ох. Это что-то новое». Так что 10%-ый счет был, пожалуй, самым важным для меня, чтобы хитростью заставить себя иметь деньги, потому что в моей жизни я всегда их хорошо создавал, но не так хорошо ими владел.

Ты открыл свой 10%-ый счет прямо сразу или какова у тебя была точка зрения по поводу этого изначально?

Я не начал сразу, честно говоря. Я посещал классы Access Consciousness, возможно, ну, уже около 10 лет, и у меня были серьезные точки зрения по поводу 10%-го счета, поскольку я думал: «Какая разница». Потому что счета приходили, и я говорил себе: «Никаким образом это не создаст больше денег, если у меня лежат деньги в банке, когда у меня есть этот огромный счет, который я не знаю, как оплатить».

Гэри Дуглас всегда говорил: «Проси, и ты получишь. Попросите деньги, чтобы они проявились. Не тратьте 10%. Это уважение к самим себе. Попросите деньги, чтобы они появились». А я постоянно ставил себя на второе место; делая счет более важным и оплачивал его в первую очередь. И когда я начал покупать все эти «финансовые инструменты» - серебро, антиквариат и т. д. - как я их называю, которые не были сразу ликвидными, было тяжелее [потратить их]; и у меня эта энергия богатства медленно проникала в мою жизнь. И теперь я смотрю на свой дом, и говорю: «Хм. Все здесь очень ценно».

Мы с мужем смотрели на днях аукцион коллекции вещей одной дамы; картины и серебро, ювелирные изделия и мебель, которые она собирала на протяжении всей своей жизни, и они продавались на аукционе. И мы посмотрели на наши вещи и сказали: «Мы в середине своего третьего десятка, а у нас есть лучшие вещи!» Более ценные штуки. Не из осуждения, но это заставило нас понять: «Ого. Мы очень быстро накапливаем богатство!» И дело не в экономии, и не в деньгах; это радость, которую мы получаем. И это действительно началось с этого 10%-го счета.

С каждого доллара, который приходит в вашу жизнь, который вы зарабатываете, возьмите 10% и отложите в знак уважения себя. Если вы хотите купить золото и серебро, и вещи, которые, вы знаете, не потеряют в цене, отлично. Действуйте. Или, если вы немного более дисциплинированы, чем я, просто имейте это на счету, отложите или уберите в шкаф или куда-то еще, где вы храните деньги. Вы владеете этими деньгами. Потому что это было самой трудной частью для меня.

Когда ты рассказываешь эти истории о том, как перешел от отсутствия денег к владению деньгами, - от того, что бросил машину на обочине дороги и ушел с медяками в кармане к 150 000 долларов серебра в доме... ведь эти «нищенские дни» были у тебя совсем недавно.

Если на самом деле посчитать, это, вероятно, было 4 года назад. Итак, прошло 4 года с того момента до сегодняшнего дня, когда я могу пройтись по собственному дому. Не только у меня есть дом, да, он взят в ипотеку, но он у нас есть, еще у нас есть две машины и куча ценных предметов антиквариата, и коробка не поставленных в оправу драгоценных камней где-то в доме и куча серебра, много золота, и это другой мир.

Что заставило тебя захотеть выйти из долгов?

В какой-то момент мне пришло в голову, что, имея долг и не позволяя себе иметь деньги, я крайне ограничиваю то, что я могу создать в мире. Изменение, на которое я, возможно, вдохновляю других, не касается того, чтобы иметь хороший автомобиль, а также модный дом и образ жизни, это скорее о том, чтобы понять, что вы можете реально повлиять на мир и изменить его, если у вас есть на это ресурсы.

Был ли кто-нибудь, кто вдохновлял тебя на создание этих изменений?

Ты, Симон, была огромным вдохновением для меня, чтобы создать эти перемены. Мы дружим уже 10 лет. Щедрость, которую я видел, что ты проявляла с людьми, не для того, чтобы «заставить их меня полюбить» или с позиции превосходства «я лучше вас, я позабочусь о вас», а из своего рода энергии «царства мы», где все касается того, чтобы каждый имел и мог поспособствовать всем окружающим и тому, что все желают построить. Я не хочу использовать слово «поддержка», но это именно то, что я вижу, ты, делаешь, деньги для тебя никогда не были дешевой мотивацией; да, это весело, но это то, что ты можешь сделать с этим, что действительно вдохновляет.

У меня также хорошие отношения с Гэри Дугласом, и это все люди, которые не работают с деньгами так, как вас учили вы должны это делать, знаете, с помощью кино, средств массовой информации и различных путей, которыми эта реальность говорит вам, как вы должны обращаться с деньгами. Я увидел другие возможности с деньгами, которые заставили меня сказать: «Да! Я хочу это». Дело не в том, чтобы носить большие кольца на пальцах, дело в том, что я могу создать.

Теперь, когда у тебя есть деньги, что бы ты сказал, является твоей нынешней точкой зрения о деньгах?

Есть несколько вещей, которые сразу приходят на ум. Теперь деньги – это просто весело. Деньги – вот это да, когда я говорю это, я могу ощутить, как слушатели думают: «Эээх, это тебе так легко!»

Я помню, как однажды пошел на занятия йогой, и я никогда не был природно гибким человеком физически. И я помню, как подошел к моему учителю йоги со словами: «Я не могу сделать эту позу. Я не могу так выгнуться». И она сказала мне: «Это напряжение. Вы должны отпустить его». И я хотел двинуть ей по лицу или задушить ее лайкрой, в которую она была одета; извините за ментальные образы. Но, чем являются деньги сейчас, это ... Я осознал, что на самом деле это просто точка зрения, которая создает их наличие или отсутствие, или это похоже на то, что, если вы хотите отношений, но у вас их нет. Когда у вас они появляются, вы понимаете: «Ой, подождите. Это не та невероятность, фантазия и мечта, которые я себе представлял». Когда у вас есть деньги, это не значит, что вам никогда не придется больше сталкиваться с какими-либо вопросами или у вас никогда не будет проблем в вашей жизни.

В любом случае, ваша жизнь становится больше, если вы готовы, чтобы она стала больше; варианты, возможности, количество дверей, которые могут открыться вам, если вы захотите, увеличится, если это ваш выбор. Теперь я понимаю, что деньги никогда не были ответом. Так много людей без денег или у кого есть долг, говорят: «Если бы у меня были деньги и партнер, и … и …» Вы создали этот список вещей, которые хотели бы иметь, как будто они являются ответом, и будут полностью создавать вашу жизнь. Но это совсем не так. Деньги - просто топливо; это просто инструмент, который помогает вам добраться туда, куда вы направляетесь. Я им очень признателен сейчас, и чем меньше у меня есть точек зрения о них, и чем больше я делаю их создание просто приносящим удовольствие, тем легче это становится.

Итак, что еще ты скажешь, изменилось больше всего с твоей точкой зрения на счет денег сейчас? Какова часть этой энергии, которую люди могут изменить, или какой инструмент люди могут использовать, чтобы помочь себе изменить свою точку зрения по поводу денег?

Вероятно, лучший совет или инструмент, который я мог бы дать, это - на самом деле проблема не в деньгах; деньги сами по себе никогда не создают проблему, нехватку или еще какую-то драму в вашей жизни. Их очень много. Это как, знаете, один из твоих любимых фильмов, и моих тоже, «Тетушка Маме» с Розалиндой Рассел, и она говорит: «Вселенная - это банкет, но большинство бедных неудачников там умирают от голода»

Деньги есть. Во вселенной на самом деле нет конечной суммы денег. Я занимаюсь антиквариатом, и это отрасль, в которой большинство людей функционируют из дефицита. У них есть точка зрения, что эта отрасль умирает; люди уже не желают иметь то, что у нас есть.

Я занимаюсь антикварной мебелью и ювелирными изделиями, серебром, картинами, китайским искусством, африканским искусством, всего не перечислить. И когда возможность впервые появилась на пороге, я сказал: «Боже мой. Я не могу придумать ничего *более скучного!*» И, Господи, это было совсем не так. В этой отрасли я имею дело со многими антикварными дилерами, в особенности по всей Австралии. Многие из них функционируют из этого невероятного дефицита; что денег не хватает, люди не заинтересованы, становится всё тяжелее, аукционные дома отбирают хлеб у розничных торговцев и затрудняют получение ими желаемых цен. Всё это просто точка зрения.

Если вы хотите инструмент для изменения вашей ситуации: ваша точка зрения создает вашу реальность. Спросите себя и хорошенько посмотрите: «Какова моя точка зрения о деньгах?» Какова ваша точка зрения о вас в отношении денег? Посмотрите на некоторые из этих вещей, начните спрашивать себя и смотрите, что получится. В Access Consciousness есть потрясающая книга под названием «Как стать деньгами». Я думаю, что она стоит около 30 долларов, если ничего не изменилось, но это невероятная книга, которая задает вам все эти вопросы, и вы можете полностью, на 180 градусов, изменить всю финансовую ситуацию, только лишь инвестировав в эту книгу. И почему бы нет? Я имею в виду, что все, что она может сделать - это помочь.

Когда ты хочешь что-то сделать или получить что-то, на что у тебя недостаточно денег, что ты делаешь? Какие инструменты ты используешь для создания этого или как ты подходишь к этой ситуации?

Да. Отличный вопрос. Мне нравится этот вопрос, поскольку несмотря на то, сколько денег у вас есть или нет, всегда можно спрашивать и искать большего. Поэтому это необязательно касается только жизни в долгах или неимения достатка. Например, покупка той Теслы за 200.000, о которой мы говорили выше, потребует от меня определенных манипуляций или реорганизаций, или создания чего-то с моей стороны, чтобы это произошло. Таким образом, если мы говорим об инструментах, которые я бы использовал, чтобы это сделать, то один из ценнейших советов, которые я когда-либо получал касаемо денег и финансов, это проясните себе, сколько стоит ваш стиль жизни. Сядьте с бумагой и ручкой и запишите, каковы ваши издержки, каковы ваши расходы. Чтобы у вас была оплата аренды квартиры, счета за телефон, было на «Мне нравится сходить куда-нибудь посидеть и выпить». Не просто прожиточный минимум, а то, что вы в реальности тратите в своей жизни.

Однажды я это сделал для бизнеса, когда его начинал, и попросил бухгалтера принести мне копии доходов и издержек. Мы сели с ней вместе и прошли через все бумаги, в результате чего я точно знал, куда идут все деньги в организации. Это создало для меня удивительную осознанность о финансовой ситуации в компании. А насколько ваша финансовая ситуация прозрачна для вас? Я провожу много классов по продажам и маркетингу и был вместе с тобой, Симон, в Копенгагене, проводя подобный класс, и это было для меня огромным даром. Но совет, который я даю на классе и при личных встречах – это прояснить для себя собственное финансовое состояние, а также финансовое положение их бизнеса.

В маркетинге есть старое высказывание, гласящее: «50% бюджета на рекламу потрачено зря. Просто я не уверен, которые из них». И с финансами у людей происходит то же самое. Удивительно, сколько людей не имеют понятия о том, сколько они зарабатывают в месяц и сколько они в реальности тратят. Поэтому если я хочу создавать достаточно денег, нужно определится с моей текущей позицией и где я нахожусь, и что мне нужно создать, чтобы к этому прийти. Это не означает линейно очертить шаги, а, б и в, скорее: «Где я сейчас и какова моя цель?» Мне очень помогает иметь цель. Скажем, у меня есть несколько конкретных целей, например, я бы хотел открыть филиал для своего бизнеса. Я определяюсь с тем, сколько это будет стоить, и прошу, чтобы эта сумма проявилась, а потом следую энергии, которая позволяет этому воплотиться. Снова повторю, это не связано с линейными шагами, которые я собираюсь предпринять, и сколько мне нужно будет выручить, надавив на персонал в магазине, чтобы все достигли цели по продажам. Это скорее так: «Отлично, теперь у меня есть осознание... что нужно, чтобы это создать?»

Кристофер, а ты можешь рассказать мне побольше о том, где тебя можно найти, и чем ты занимаешься? Потому что я знаю, что ты проводишь удивительные классы под названием «Элегантность Жизни».

Я фасилитирую ряд классов, под названием «Элегантность Жизни», все, что касается различных аспектов богатства и жизни с тем, что я называю атрибутами денег. Хотя «атрибут» - это достаточно нагруженное смыслом слово, мне оно все равно кажется немного забавным. Также, как и изучение антиквариата и искусства, и что они могут привнести в вашу жизнь и прибавить к вашему богатству. Мы с партнером затеяли это, потому что достали дома всю мелочь из копилки, и у нас оказалось 500 долларов. Мы пошли на аукцион и накупили кучу вещей и начали их продавать. Скоро эти 500 долларов превратились в 3000, а они, в свою очередь, в 9000. Мы взяли и вырастили нашу крошечную микроэкономику во что-то огромное. Так вот это я и преподаю в «Элегантности Жизни», я также обучаю продажам, маркетингу, на самом деле скорее фасилитирую, а не обучаю. У меня есть вебсайт www.theeleganceofliving.com и второй www.theantiqueguild.com.au, если вы хотите со мной связаться и задать мне вопросы.

Итак, есть ли еще какой-то другой инструмент или вопрос, или нечто

подобное, что ты хотел бы предложить людям, чтобы они могли это сразу взять и применить для изменения своей финансовой реальности, прямо сегодня?

Я думаю, что для многих людей проблема такова, что, если вы хоть в чем-то схожи со мной, вы избегаете каких-то знаний о деньгах или чего-то еще с ними связанного. Лично у меня было так. И если это с вами хоть как-то резонирует, я бы начал себя спрашивать: «Что же такое о деньгах я избегаю?» «Что же касаемо знаний о деньгах я избегаю?» Потому что везде, где я зарывал голову в песок и великолепно изображал страуса, именно там я ограничивал свою жизнь в отношении денег. Я бы начал задавать себе такой вопрос: «Что именно об этом я избегаю?» Когда я раньше был в долгах, я слушал вас, Симон, и других людей, и все говорили одно и то же, и это меня так сильно злило. Вы говорили: «Гораздо сложнее не делать деньги, чем их делать». И я, наконец, понял, что если я все для себя усложняю, очевидно, я избегаю того, что лежит у меня прямо под носом! Так что же касаемо зарабатывания и владения деньгами вы избегаете? Спросите себя. Это не значит, что вы правы или неправы. Просто спросите себя. То, где вы сейчас находитесь, не является неправильным.

ИНТЕРВЬЮ С ЧУТИСОЙ БОУМАН И СТИВОМ БОУМАН

Эпизод из интернет радио-шоу «Радость Бизнеса». «Как с радостью выйти из долгов с Чутисой и Стивом Боуман», эфир от 22 августа 2016.

Стив, я бы хотела, чтобы ты дал небольшое краткое описание того, как у вас обстояли дела с деньгами, пока ты взрослел. Как у тебя это было? Насколько ты был осведомлен о деньгах? Тебя о деньгах чему-то учили? Эта тема не афишировалась? Или игнорировалась? Или ты мог свободно это обсудить, и эта тема не была под запретом?

Стив:

Знаешь, это первый раз, когда кто-то задает мне этот вопрос. И это впервые, когда я на него отвечу. Когда я был маленький, моя мама была матерью-одиночкой с тремя детьми, у нас был жестокий агрессивный отец, который нас преследовал 15-20 лет. О деньгах никогда не говорилось. Они не были ни хорошими, ни плохими. Деньги не всплывали ни в виде осуждения, ни в виде возможности. Это просто никогда не обсуждалось. Поэтому, думая об этом сейчас, я полагаю, что вырос, не зная ничьих других точек зрения, что такое деньги.

Поэтому, когда мы начинаем задумываться..., я всегда, с очень раннего возраста что-то знал, еще до того, как познакомился с Чутисой, а встретились мы, когда нам было 16. Мы были друг у друга первыми, с кем мы начали встречаться, а потом мы поженились и теперь уже прожили в браке более 40 лет. Дело в том, что у нас всегда была иная точка зрения о деньгах. Нам не были известны точки зрения о деньгах других людей, поскольку мы не выросли, вернее, я не вырос с какими-то точками зрения о деньгах. Поэтому, моя интересная точка зрения, когда сейчас я смотрю на деньги, это то, что я готов изменить свою точку зрения об этом, так как вырос без нее.

Если не было точек зрения о деньгах, ни положительных, ни отрицательных, может вещи были более легко доступны, или наоборот, ограничены, типа: «Ты можешь только получить это на Рождество или День Рождения». Или может быть у тебя был какой-то денежный источник?

Стив:

Интересно то, что, когда я смотрю на свою семью, например, на свою сестру, она купилась на точку зрения, что деньги – это проблема кого-то еще, а не ее. Мы выросли в одной и той же семье, но все видят и слышат вещи по-разному. Я бы сказал, что с годами я понял, что значение имеет только твоя собственная точка зрения, а вовсе не чья-то еще. Поэтому вы можете обвинять своих родителей, общество, но это всего лишь оправдание того, что вы не меняете свою точку зрения о деньгах. Например, мы уже выяснили, что я вырос без денег. И когда я встретил Чутису, все начало меняться, поскольку мы начали вместе создавать свою жизнь. И, например, мы переехали в США и там остались. Мы прожили там два года, и мы жили на 2 доллара в день. Как еще называют эти ужины? Кино и ужин? Телевизионные ужины! Два доллара за вечер, ужин под телевизор. Мы так жили примерно год, год с половиной. Но мы всегда знали, что можем создавать деньги, и мы это делали, пока находились там. Это дало нам знание того, что мы правда можем создавать. Деньги не были решающим фактором. Им было то, что мы могли что-то создавать.

Ты сказал, что, когда познакомились с Чутисой, у тебя было больше осознания того, что ты можешь создавать. Ты думаешь, что дело в том, что рядом с тобой был кто-то, у кого нет точек зрения о том, что же такое созидание, или как выглядит для тебя то, когда что-то создает другой человек?

Стив:

Опять, еще один вопрос, который мне никогда не задавали! Одно из преимуществ в том, когда вы находитесь в отношениях с творческой натурой - не с тем, кто пытается что-то создавать, а кто пребывает в состоянии созидания - это пробуждает творчество и в вас. Мы всегда создавали свою жизнь такой, какой мы хотели, чтобы она была, и интересно то, что это также включало в себя и деньги. И сейчас я хочу сказать, что один из самых больших подарков, который вы можете себе сделать, и мы это точно уяснили за последние несколько лет, это то, что никогда не бывает поздно. Никогда не поздно творить свою жизнь, никогда не поздно создавать перемены, никогда не поздно взять и поменять вашу финансовую реальность. Каждый год мы смотрим, что еще мы можем изменить, что еще мы можем изменить, что еще мы можем изменить? Даже три недели назад мы здорово поменяли свою жизнь вокруг финансовой реальности, в нескольких разных аспектах. Ключевой момент в этом то, что, если бы у нас была точка зрения о том, что могли или не могли представлять из себя деньги, мы бы не смогли это поменять. Мы поняли, что, когда мы начинаем смотреть на то, в чем заключается какая-то точка зрения касаемо денег или долгов, и если мы готовы это изменить, то меняется и все остальное. Мы это видим каждый год. Это не единый случай, это случается постоянно.

Я помню времена, что, когда я жила в Лондоне и у меня практически не было денег, и у меня было как минимум 50 рецептов, как можно приготовить лапшу быстрого приготовления. Я не имела точки зрения, что я бедна. Я не имела точки зрения, что мне чего-то не хватает. Я просто была готова осознавать, что, если я не потрачу деньги на покупку различной или дорогой еды, у меня больше останется на путешествия. Потому что в то время путешествия были для меня абсолютным приоритетом. Соответственно мой вопрос таков, когда вы жили на 2 доллара в день со своими ужинами под телевизор, какова была ваша ментальность? Каковы были ваши точки зрения?

Стив:

У нас была такая точка зрения, что мы будем делать все возможное, чтобы реально создать больше. В то время я получал 2 диплома магистра в Вашингтоне, округ Колумбия, а Чутиса из ничего создала успешный модный бизнес, который у всех в Нью-Йорке был на слуху, и это все пока мы жили на 2 доллара в день с ужином под телевизор. Это случилось потому, что мы никогда не рассматривали себя как бедных, мы просто знали, что это создает. Нам было необходимо создавать. И она была абсолютно удивительна за эти два года, что мы там жили. Она работала по 23 часа в сутки, создавая крайне успешный бизнес модного дизайна, это было неслыханно. А я одновременно получал две степени магистра, что также было неслыханно, но мы об этом не думали. Мы думали только о том, что именно так мы создаем свою жизнь.

Чутиса, я бы с удовольствием узнала, как тебя воспитали в отношении денег? Ты получила образование в этой области? Тебя обучали, или эта тема игнорировалась, или тебе не разрешали говорить об этом? Какова была общая атмосфера в вашей семье? Ты же выросла в Таиланде?

Чутиса:

Да. Я выросла в очень, как бы вы это классифицировали, аристократической семье. Так что разговоры о деньгах означают, что вы хвастаетесь, или невежливы, поэтому вы не должны слишком много говорить о деньгах. Но мой отец был, так называемой, «черной овцой» в нашей семье, и он делал всё, что было не позволительно делать в аристократической семье; поэтому его сильно осуждали. Он считал себя предпринимателем, а в те времена, о которых мы говорим - это 60, 70 лет назад, еще не было такого понятия, как предприниматели. Таким образом, его осуждали как бесшабашного, рискового парня, который делал с деньгами нечто ужасное. Поэтому у меня был опыт обходиться с осуждением, которое было проецировано на него и, конечно, на нашу семью, поскольку у нас был отец, который делал что-то против общества и против культуры, которая [считала], что он должен был работать и зарабатывать хорошие деньги и делать то, что надо. Но он вышел в мир, пытаясь создать бизнес, который был не сильно успешным. Так что страх по поводу денег присутствовал. Несмотря на то, что у нас были деньги, тревога вокруг денег была огромной.

Когда ты говоришь «нечто ужасное», является ли это просто суждением, потому что это отличалось? В чем же таком он участвовал, о чем ты знала, когда росла?

Чутиса:

Он был одним из тех людей, у которого было широкое видение. Знаете, если кто-то захочет пойти и заниматься розничной торговлей, мой отец бы смотрел на строительство целого торгового центра. Если кто-то другой думает о чем-то, знаете, типа строительства гаража, то он бы строил аэропорт; вот что он делал. У него были способности заставить людей инвестировать во все подобные вещи. И я поняла, что, знаете, есть две вещи: есть способность говорить о деньгах и вдохновлять людей на спонсорство, инвестиции. Но у нас также должна быть способность генерировать; совершать действия. Вы должны иметь возможность это совершить. Я чувствую, что это путь, которому он должен был следовать, чтобы стать успешным.

Так, я знаю, что Стив хотел бы добавить еще что-то насчет отца своей прекрасной жены и каким он был и какое впечатление производит. Стив?

Стив:

Ну, это интересно. Когда у вас есть много людей, которые осуждают, потому что нечто не соответствует их реальности; это не соответствует реальности аристократической семьи. Он был жестоко осужден большинством людей в его семье. Тем не менее, на его похоронах – так случилось что, когда он скончался, мы там были – присутствовали некоторые очень высокопоставленные члены правительства и некоторые теневые фигуры. И они пришли на похороны, чтобы выразить свое уважение, потому что он создавал с ними проекты и одновременно прикрывал их. Итак, он был человеком, о котором мы всегда будем знать только часть истории. Но поскольку он был так яростно осуждаем в семье, то только за последние 10 или 15 лет мы пришли к осознанию того, что, возможно, он действительно делал вещи, о которых мы даже не знали, которые создали огромные изменения. Так вот, мы можем вынести из этого, что осуждение убило все эти возможности.

Чутиса:

И это суждение для меня является очень верным, потому что пока Гэри Дуглас, основатель Access Consciousness, не помог мне увидеть, что я очень осторожна и не хочу рисковать деньгами, и я вижу связь между фактом, что мой папа шел на риск и не очень осторожно относился к деньгам; все огромное и гигантское было противоположным тому, что вы выбирали. Так что я не выбирала ничего огромного и значительного, потому что я проводила связь с безответственным отношением к деньгам, пока Гари не показал мне, что это не связано с риском, и все в нашей вселенной изменилось. Теперь я готова смотреть на более крупные проекты.

Так интересно услышать от тебя, что ты не идешь на риск, Чутиса. Когда я смотрю на историю, которую Стив только что рассказал о том, что вы, ребята, будучи в Нью-Йорке, жили на 2 доллара в день и ужинали под телевизор, и потом начали крупную модную марку с нуля, для меня это в значительной степени риск. Итак, как вы это видите?

Чутиса:

Я рискую деньгами. Касаемо чужих денег, я никогда не рискую чужими деньгами. Говоря теперь с тобой, я поняла, что рискую своими деньгами; с чужими деньгами я бы этого не сделала. И это связано с суждением о..., когда ты крупный предприниматель и хочешь создать большой успех, ты должен иметь возможность использовать деньги других людей, верно? Поэтому если вы не можете идти на риск с деньгами других людей, вы всегда будете осторожны. Таким образом вы просто будете продолжать себя сдерживать.

Что бы вы посоветовали людям [в отношении риска с деньгами других людей]? Какая еще информация у вас есть об этом?

Стив:

Одной из предпосылок этого разговора является то, как избавиться от долгов, и как это сделать с радостью, радостно. И одна из вещей, которую мы обнаружили, это то, что у нас были инвесторы в бизнесах, а эти бизнесы решили свернуться, поэтому мы вернули все инвесторам, хотя и не должны были. Дело в том, что мы готовы рисковать чем угодно. Мы, Чутиса и я, готовы рисковать чем угодно. Но мы не готовы рисковать чем-либо за счет других людей. И это все-таки ограничение. Это не значит, что это правильно или неправильно, но это ограничение. Однако, мы также видели других людей, которые просто плевали на это; их не волновало, что им дали другие люди и что им с этим делать. Я думаю, что во всем этом важно знать, когда другие люди готовы инвестировать в ваш бизнес, быть в курсе вещей и поступать наилучшим образом исходя из обстоятельств. Я имею в виду, что это только наша точка зрения. Что нам все облегчает, так это то, что мы знаем, что мы можем создавать деньги из воздуха, и мы это постоянно делаем. Зная это, как вы можете быть в долгах?

Расскажи об этом поподробнее: как постоянно создавать деньги из воздуха.

Стив:

На самом деле, есть так много способов сколотить состояние. И это совсем другой разговор - разница между состоятельностью и богатством. То, что мы узнали в своей жизни, - даже если это было совсем недавно, пару недель назад, просто эти моменты «просветлений» случаются всё время. Не забывайте, никогда не поздно! Так вот, создание денег из воздуха - это просто способ взглянуть на это: существует так много денег, там так много возможностей. Они буквально кричат нам, чтобы мы обратили на них внимание, но мы отказываемся видеть их большую часть времени. Что мы обнаружили, что в нашей жизни существует так много разных вещей, которые мы сейчас делаем, и которые мы отказывались видеть в течение 5, 10 или 15 лет. А теперь мы ими занимаемся, поскольку перешагнули через свои точки зрения, потом внезапно все наши предприятия выросли. У меня очень большой консалтинговый бизнес; консультативный бизнес. У меня была точка зрения, что это я в нем ценный продукт, хорошо? В этой истории не так две вещи. Первая – ценность. Вторая – продукт. Итак, как только Чутиса и я начали исследовать это и сказали: «Ну, а что, если мы создадим бизнес по-другому, чтобы я не был ценным продуктом в этом конкретном бизнесе? Как это будет выглядеть?» И все еще заниматься тем, что мне нравится. И тогда из этого были созданы другие бизнесы. Итак, теперь мы в интернете. У нас есть ряд других вещей. У нас вовлечены другие люди. Как только я перешагнул точку зрения, что у меня достаточно персонала, в какой-то момент у меня было 300. Уже предостаточно. Когда я преодолел точку зрения, что больше не хочу нанимать сотрудников, бизнес снова вырос. Как только я покончил с точкой зрения, что мне нужны сотрудники, бизнес тоже снова вырос.

Итак, основное здесь – это преодолеть точку зрения?

Стив:

В том-то и дело. Короче, «менять точку зрения» - то, что все перевернет.

Где люди могут узнать больше о том, что вы создаете?

Стив:

Ну, есть множество разных вещей. У нас есть веб-сайт www. consciousgovernance.com. Есть еще один www.befrabjous.com, который является блоговым сайтом, на котором есть всевозможные удивительные вещи.

Слово радостный [frabjous] вышло из книги «Алиса в зазеркалье». Это способ Льюиса Кэрролла выразить удивительную радость. Да будет так! И вы там найдете замечательные вещи, которые написала

Чутиса. Также есть luxproject.com. Есть nomorebusinessasusual.com. И еще strategicawareness.com. Если вы сомневаетесь, поищите в Google – Чутиса Боуман (Chutisa Bowman), потому что тогда вы найдете все сайты, потому что ее имя гораздо легче найти, чем, когда вы гуглите Стивена Боумана (Steven Bowman).

Стив, ты упомянул о том, как ты все еще изучаешь тему денег. И ты упомянул разницу между состоятельностью и богатством. Можешь ли ты рассказать о разнице?

Стив:

Дело в том, что мы постоянно рассматриваем точки зрения, которые у нас есть. Так вот, у меня была точка зрения, которая на протяжении многих лет работала для нас, что наш консалтинговый бизнес предоставлял нам денежный поток, с которым мы могли затем генерировать и создавать, например, другие типы инвестиций. К сожалению, я осознал это только примерно три или четыре недели назад, именно эта точка зрения мешала мне смотреть на другие генерирующие источники богатства, потому что я был сосредоточен на потоке наличности. И я был убежден на протяжении 3-4 лет, что это было правильно, этот поток наличности. Как только у меня с Чутисой случился этот разговор: «Ну, а что если у состоятельности есть больше граней, чем только поток наличности? Что если существуют разные способы взглянуть на этот поток? Что если есть вещи, которые можно создать, и они создавали бы такой поток не в виде потока наличности, чтобы у нас был такой поток наличности, который мы бы не определяли, как таковой?» И все полностью изменилось с того момента, три недели назад, мы создали два новых бизнеса, которые уже начали создавать иные потоки денег; потому что я сейчас уже не называю это потоком наличности.

А как бы ты описал разницу между потоком наличности, богатством и состоятельностью?

Стив:

Значит, во-первых, все это точки зрения. Состоятельность для нас, на данный момент, и это тоже все время меняется, - это готовность создавать и генерировать исходя из этого созидания. Сейчас мы пригласим Чутису, поскольку она очень подкована в отношении взглядов на богатство. Поток наличности может быть очень соблазнителен, но он все же отвлекает ваш взгляд в сторону от творческого процесса игры. Поэтому да, это может быть очень важно, но это не финал игры. И я думаю, что неверно интерпретировал поток наличных как финал игры.

Чутиса, а как ты видишь различие между достатком, богатством, потоком наличности и т.п.?

Чутиса:

Значит так, сами слова «поток наличности» уже несут на себе, в моем понимании, некую странную энергию. Всего три недели назад, как уже сказал Стив, я ему заявила: «Поток наличных практически не создает выбора. Как только ты перестаешь работать или перестаешь всем этим заниматься, ты останавливаешь поток наличности. Что было бы, если бы мы смотрели на увеличение активов, как на креативный генерирующий доход, генерирующую прибыль?» И когда вы говорите о генерирующей прибыли, она же продолжает генерировать еще большую прибыль, правильно? Поэтому ее энергия отличается от «потока наличности». Поток наличности я ассоциирую с линейностью. Мы - поколение, рожденное в период демографического взрыва. Большинство людей этого периода, наши коллеги, собираются выйти на пенсию, а Стив часто повторяет: «Я никогда не выйду на пенсию, я буду все время работать». Вы чувствуете? Он уже настраивает себя на то, что будет постоянно работать, правильно? Поэтому я сказала: «Хорошо, сделать выбор в пользу «у нас будет столько генерирующего состояния, что мы выберем работать и делать свой вклад в этот мир, чтобы всегда делать его лучше», - это одно. А «я буду работать всегда, чтобы у нас был поток наличности», – это другое».

Поток наличности…в «у вас должен быть поток наличных» есть совсем небольшой выбор. Но если у вас есть генерирующее состояние, оно само продолжает себя генерировать.

Стив:

Одним из прекрасных решений ко всему этому является самообразование обо всех таких возможностях. И вот как только я говорю о самообразовании по этим возможностям, я сразу слышу громкое: «Фууу!», звучащее из вашего пространства. Образование может быть настолько простым, как открыть Гугл и поискать на Ютюбе, например, «как я могу…» и все в таком роде. Даже если вы погуглите что-то наподобие: «Что такое состоятельность?», «Как богатые люди становятся богатыми?» и прочитаете это через призму своих точек зрения и выберите одну или пару вещей, которые имеют для вас смысл. Потому что это хотя бы начало. Три недели назад мы поняли, что у нас оказывается были такие области получения состояния, которые всегда пытались привлечь наше внимание, а мы их до сих пор отказывались рассматривать. И как только мы поняли, что они из себя представляют, то сразу начали действовать, и теперь вдруг получаем дополнительно по 1000-2000 долларов в день там, откуда всегда могли их получать, но просто раньше об этом не думали. И это в дополнение ко всему, что мы уже и так делаем.

Чутиса, а что ты хочешь добавить на тему финансового самообразования? Что бы ты предложила людям, как им получить больше знаний?

Чутиса:

Думаю, что ключевой вопрос, когда вы слышите «займитесь самообразованием», не в том, чтобы получить основное образование по планированию финансов или нечто в этом роде, и не в том, что вам стоит получить образование бухгалтера. Это скорее о том, как найти то, что приносит вам удовольствие, и получить как можно больше знаний на эту конкретную тему. Как, например, мы уже говорили о ювелирных изделиях. Если вам это нравится, узнавайте все, что сможете, об украшениях. Это может быть антиквариат, это может быть серебро или золото, просто начните с чего-то, что приносит вам радость, выучите как можно больше и находитесь в вопросе, что нужно, чтобы мне можно было с помощью этого сделать деньги? Вы можете покупать и продавать, либо вы можете делать дизайн украшений. Вы можете делать все, что угодно. Ведь это может быть огромной финансовой практикой, взять нечто, от чего поет ваша душа, и продолжать узнавать об этом что-то новое. Учитесь и продолжайте получать знания. Добавляйте что-то еще.

Мне интересно было бы поговорить о том, как ты видишь разницу между долгами и жизнью в долгах, и развенчать мифы и суждения на эту тему?

Чутиса:

Ну, то, что люди называют плохими долгами, это значит, что они берут деньги других людей, например, деньги банка, и покупают продукты потребления и то, что потом не растет в цене и не приносит деньги. Вы можете сделать хорошие долги, а именно взять заем в банке с интересом в 5% и использовать эти деньги, чтобы сгенерировать с их помощью на 20-25% больше. Это лучший вариант использования одолженных денег, это хороший долг.

Стив:

С долгами дело всегда в том, что если вы используете деньги других людей, что и является определением долга, то если вы создаете активы, которые в последствии принесут вам доход, почему вы называете это долгом. Если вы используете долг, то есть деньги, которые вы позаимствовали у других людей, чтобы создать нечто, что вы просто будете потреблять, то от такой формы долга вам следует держаться подальше. Поэтому повторю еще раз, откажитесь от того, что вы потребляете за счет денег других людей, а вместо этого ищите способы, как вы можете использовать деньги других людей, чтобы создать активы, которые в свою очередь принесут деньги вам.

А что вы рекомендуете для всех, кто думает: «Какое отношение это имеет ко мне? У меня есть и долги за обучение, и остальные долги тоже накопились»? Какие есть вопросы, основные инструменты именно для того, чтобы это начать менять, начать избавляться от дурацких мыслей, что это и есть их жизнь, что нельзя ничего изменить?

Стив:

Никогда не поздно начать, где бы вы ни находились. Никогда не поздно, сколько бы лет вам ни было: 20, 30, 40, 50, 60, 70, 80 и так далее. Это не важно. Поскольку каждый раз, когда вы меняетесь, это меняет и вашу жизнь. Поэтому вот вам реальный совет, и он совсем не финансового характера, это чисто практический совет. Смотрите на все пути, как вы можете уменьшить количество имеющегося потребительского долга в зависимости от того, что вы хотите приобретать. Смотрите на свои кредитные карты как на пути приобретения активов, которые принесут доход. Что это могут быть за активы, приносящие доход? Поищите в Гугле: «какие активы приносят доход?» и начните смотреть на те из них, которые приносят вам радость. Начните смотреть, как вы можете иным образом использовать те деньги, которые вы уже получаете другими путями, чтобы сгенерировать некоторые из этих активов. Даже если это всего 1000 долларов в месяц, 500 долларов в месяц. Это уже лучше, чем не использовать эти 500 долларов в месяц. И если вы начнете, то вы уже начнете, в любом случае начать – это уже прекрасно.

Я считаю, что хорош пример с серебряной ложкой. Если вы хотите купить серебряную ложку, узнайте сколько стоит серебро. Купите ложку по цене ниже этой, таким образом вы всегда, если захотите, сможете расплавить эту серебряную ложку и получить больше денег, чем вы за нее заплатили.

Уже десятилетия нас все еще удивляет то, что, если вы будете заниматься самообразованием, это означает, что вы будете знать больше, чем 99.99% других людей. Видите ли, люди знают только то, что знают, и если вы знаете о чем-то чуть больше, то вы моментально начинаете видеть ценность вещей, которую не видят остальные. Вернемся к серебряной ложке. Почитайте о серебре побольше. Узнавайте. Посмотрите бесплатное получасовое видео на Ютюбе, например, «Как оценить серебро». Потом поищите: «Где я могу купить серебряную ложку?» Вы покупаете серебряную ложку ниже стоимости плавки. Сделайте поиск на тему: «Где я могу расплавить серебро?» Вы ее расплавили. Теперь вы сделали на 20% больше, чем делали раньше. Просто представьте, если вы будете это делать 3 раза в неделю!

А что, плохо, что я сказала: «Ой, не надо, не плавьте такую серебряную красоту»? Стив, но я – тот человек, который купил бы это у тебя, поэтому не плавьте ее, всегда найдется тот, кто у вас это купит!

Я слышала, что вы много говорите о прибыли, о том, чтобы увеличить прибыль.

Стив:

Ну, проблема в том, что мы видим, что большинство согласится скорее иметь стопроцентное ничего, чем 20 процентов чего-то. И если у вас есть точка зрения, что вы хотите по максимуму увеличить размер прибыли, которую вы получите от чего-то, этого не случится, поскольку вы всегда ищите наилучшее время, чтобы это нечто продать по наилучшей цене, за самую высокую сумму, которую можно за это выручить. Что если вам будет комфортно, если вы получите всего на 25% больше, чем то, что вложили в это? И что если вы бы это делали постоянно, постоянно, постоянно? Сколько вы думаете вы бы генерировали в год, если бы все, к чему вы прикасаетесь, продавалось или можно было бы продать на 25% больше? Не на 300% больше, не на 500% больше, а на 25%? Большинство людей скорее будут ждать 3 года и продадут что-то за двойную цену, чем выручат на 25% больше 10 раз в год.

Стив, что-то еще ты хотел бы нам сказать?

Стив:

Я бы просто хотел пригласить всех, кто слушает/читает это, взять и начать искать все на тему создания и генерирования богатства, что находится в свободном доступе. Просто выберите что-то одно. Если вы выбрали что-то одно, вы уже впереди 99% других. И перемена своей точки зрения является огромным даром для выхода из долгов. Все зациклено на выходе из долгов. Что если это не об этом? Что если важно генерировать активы?

Чутиса, ты что-то хотела бы добавить?

Чутиса:

Отложите процент от своего дохода или прибыли. Неважно, насколько это велико, все накопится. Просто используйте эти деньги для покупки активов, которые сгенерируют вам больше дохода, большую прибыль. Начните с чего-то. Сохраните это. Отложите и используйте эти деньги для покупки генерирующих активов. Если вам нравятся серебряные ложки, отложите деньги и купите такую, когда сможете себе это позволить. И это, само по себе, будет генерировать для вас и для вашей жизни.

ИНТЕРВЬЮ С БРЭНДОНОМ УАТТОМ

Эпизод из интернет радио-шоу «Радость бизнеса», «Как с радостью выйти из долгов с Брэндоном Уаттом», эфир от 29 августа 2016 года

Какая ситуация у тебя была в детстве с деньгами? Как в вашей семье относились к деньгам? Вы говорили об этом, не говорили об этом, спрятаны ли были деньги или нет, были они у вас вообще или нет? Как у вас обстояли дела?

Я помню, как рос и спрашивал своих родителей: «Сколько это стоило?» и они говорили: «Не твоё дело». И потом я спрашивал снова: «Сколько это стоило?» На все, что я спрашивал о деньгах, был каждый раз один ответ «Не твоё дело. Тебе необязательно об этом знать». Итак, подрастая, я был уверен, что деньги – это что-то, ну знаете, чего все избегают, чего не существует, и в ранние годы моей взрослой жизни именно это сильно проявилось. Я помню, когда получал счета по почте от компаний, предоставляющих электричество, или телефонных компаний, или от кого бы то ни было, я не открывал письма, потому что думал, что если не открывать почту, то я не увижу, что должен оплатить счет. Так я просто избегал этого. Или, если мне на мобильный телефон, т.е. сотовый, звонил кто-то с личного номера или с сотового телефона, я просто не отвечал на него, в этом случае я не мог быть должным кому-то, потому что ничего не знал об этом. Поэтому я избегал, избегал и избегал этого, пока не наступил момент, что я задолжал так много, влез в долги настолько, что действительно пришло время посмотреть на это.

Можешь ли ты рассказать, что это создало для тебя? Что ты теперь знаешь, чего не знал тогда?

Я помню один раз, когда я снимал квартиру с моим другом. Его тогда не было и счета за электричество наверняка приходили, но я как обычно не открывал почту и электричество отключили, поэтому я подключил шнур питания к одной из розеток снаружи; поскольку это был многоквартирный дом, у них были розетки снаружи, которые не имели ничего общего с квартирой. И я протянул удлинитель в квартиру и подключил всё туда. Я не думал, что это проблема, я просто подумал: «Отлично, у меня снова есть электричество». И он вернулся домой из поездки, и посмотрел на меня с лицом типа: «Что же ты делаешь?», и я сказал: «Ну, электричество погасло, и у меня нет денег, чтобы оплатить счёт». И я думал, что это абсолютно нормально. Я же вырос в нищете, и нищета была для меня вполне реальной. Это было не то, чтобы правильным или неправильным, это было просто: «У меня нет денег, так что еще я буду делать? Конечно, я собираюсь подключить шнур питания снаружи». Но вот так все у меня и было.

Значит ты стал более изобретательным.

Да. Ну, мне нужно было электричество. Мне нужен был способ держать холодильник холодным и включать свет. Но ситуация у меня обстояла именно так. Я даже не заметил, что был в долгах. Я был настолько необразованным в плане денег. Для меня долг ничего не значил. Это было просто: «У меня нет денег». Но я помню время, когда мы … Мы с Симон переехали в первый дом, который мы купили вместе, и мы говорили однажды, и я сказал: «О, кстати, у меня есть налоговая задолженность на сумму 200 000 долларов». И она ответила: «Что?», и потом добавила: «Ну, это очень серьезно», и даже тогда я подумал: «Правда? Это важно, что у меня есть долг?» Но, еще раз, я не понимал, что долг это что-то плохое или что-то еще; это были просто деньги, а деньги ничего не значили. Я никогда не изучал эту тему, поэтому я не уважал их.

Да, я помню, что у нас с тобой был разговор, и я сказала: «Мы купили дом вместе, мы живем вместе, разве это не то, о чем следует сказать человеку заранее? Что у тебя такая большая задолженность?», и ты ответил: «Ой!» Ты отнесся к этому так, между прочим. Мы посмеялись над этим.

Да, но это то, чем для меня были деньги, это было: «Ой, я забыл об этом». Я научился избегать их так хорошо, что держал их на дистанции от себя так, как мало кто способен это сделать. Я это очень здорово делал!

Одна из вещей, которую ты мне уже давно рассказал, что, когда ты рос, люди вокруг тебя ругались на тему денег. Я помню, ты сказал, что никогда не хотел иметь деньги, и ничего не хотел с ними делать, потому что для тебя это соответствовало определенному уровню насилия и жестокости. Ты можешь немного рассказать об этом?

Да, точно. Знаешь, я вижу это у многих людей. Касаемо отношений, например, если кто-то растет в отношениях, где есть насилие, то человек либо вступает в отношения, где есть насилие, чтобы попытаться разобраться с этим лучше, чем его родители, или, например, с деньгами, если деньги были чем-то, из-за чего ваши родители ругались, то зачем их вам хотеть? Видишь ли, я изо всех сил старался сделать моих родителей счастливыми. Я всегда задавался вопросом: что я могу сделать, чтобы они были счастливыми? И они все время ругались на тему денег, поэтому, очевидно, я не мог делать ничего, связанного с деньгами, чтобы сделать их счастливыми, но это не было чем-то когнитивным. Это было то, что я решил: «Ну, если это то, как ощущаются и чем являются деньги, тогда для чего мне их хотеть иметь?»

Ты также упоминал о счастье. Ты вырос на том, что счастье равно деньги, а деньги равно счастье? Или это было неважно? Как это работало?

Ну, для меня счастье не имело ничего общего с деньгами. То, как я определил счастье, означало быть самостоятельным или заниматься тем, что делало меня счастливым. Вы видели каких-нибудь детей, которые создают свою жизнь на основе денег; создают свое счастье, основываясь на деньгах? Они не говорят: «Сегодня я заработал 10 долларов, поэтому я счастлив». Они говорят: «Сегодня у меня был отличный день, так что я счастлив». Но нам, как взрослым, кажется, что «Сегодня я не заработал денег, значит я глупый», или «У меня был дерьмовый день», или что там у вас. «Я не могу быть счастлив из-за денег». Вот так, сколько людей решили, что деньги равны счастью? На самом деле это не так. Я имею в виду, что я так думал. Еще раз, в юности я думал: «Если бы я мог заработать больше денег, я был бы счастливее», но я осознал, как только начал зарабатывать деньги, что это не связано. Счастье было выбором, который мне нужно было сделать, и это не имело ничего общего с деньгами.

Есть ли какой-то конкретный момент в твоей жизни, с которого ты мог бы сказать, началось это осознание?

Ну, я имею в виду, я встретил тебя, и встретил Гэри и Дейна, и я встретил много других близких друзей, которые у меня есть сейчас, и многие из них создали много денег, и дело не в том, что это принесло им счастье, или для меня сейчас, дело скорее в выборе, который они дают. Например, я люблю летать бизнес-классом и мне нравится носить хорошую одежду, и я люблю есть хорошую еду, и мне нравится все это; оно делает меня счастливым, делает мое тело счастливым, но это также и выбор, который мне нужно сделать, чтобы иметь это. Это не похоже на мысль: «Если бы у меня было 1000 долларов прямо сейчас, я был бы счастливее». Потому что, если бы вы дали мне 1000 долларов прямо сейчас, это не создало бы счастья. Это создало бы: «О, у меня сейчас есть 1000 долларов. Супер».

Ты упомянул о выборе. Что деньги дают тебе больше выбора. Например, путешествовать эконом - или бизнес-классом, или ...

Ну, что сделает тебя счастливее? Эконом или бизнес-класс?

Что сделает твое тело счастливее? Определенно бизнес или первый класс!

Или частный самолет.

Или частный самолет, мы летали на нескольких за последние пару месяцев; было очень весело. Итак, мы говорим о выборе. Когда ты рос, ты чувствовал, что у тебя с деньгами был выбор, или выбора не было? Как у тебя это было?

Для начала, я не знал, что такое выбор. Для меня, когда я рос, выбор основывался на том, чтобы посмотреть, что выбирали другие и подумать: «Хорошо, это то, что я должен выбрать? Это то, что я должен выбрать? Это то, что я должен выбрать?» А не: «Что я могу выбрать и какой выбор у меня здесь есть, доступный прямо сейчас?» Это было не так. Я смотрел на то, что я могу выбрать для кого-то другого, или против кого-то другого. Поэтому, узнать, что такое выбор было, вероятно, был одним из первых шагов в создании другой реальности с деньгами. И с долгами тоже. Мне пришлось посмотреть на них и сказать: «Хорошо, я в долгах. Они не исчезнут сами по себе». Да, я провел последние 30-40 лет, убегая от этого. Сейчас они у меня на пороге, и стучатся ко мне в дверь. И они все еще стучатся. И они все еще стучатся. Мне нужно открыть дверь и посмотреть на это. И я так и сделал; это было всего два года назад. Два года назад я начал осознавать, сколько долгов я накопил, и подумал: «Ладно, так какой выбор мне нужно сделать, чтобы избавиться от этого?»

Как это было, когда в первый раз ты овладел своей финансовой жизнью и знал, что именно тебе предстоит все изменить, что именно тебе придется выбирать еще много раз?

Мне посчастливилось иметь много хороших друзей, чтобы обсуждать подобные темы и сказать: «Вот, где я сейчас нахожусь». Но я также окружил себя людьми, у которых были деньги; поэтому я занялся самообразованием. Я подумал: «Если я собираюсь выбраться из этого ...», первое, что пришло мне в голову, было: «Мне нужно будет изучить тему денег». И вот для меня это означало проводить больше времени с людьми, которые разбираются в этой теме. Это могло бы быть, например, просмотром финансового канала. Это может быть чтение книг авторов, занимающихся финансовым образованием и тех, кто сам в этом образован. И это просто было самообразование, потом я смог посмотреть на следующее: «Если мне нужно выйти из долгов, мне нужно это сделать это, это и это. Каков мой выбор? Что мне нужно здесь выбрать?» А затем: «Что чувствуется легче?» И действовать. И я это сделал, это было пару лет назад, и это полностью изменилось. Я имею в виду, у меня сейчас нет долгов, кроме ипотеки и вещей, которые делают мне деньги.

Расскажи мне о разнице между тем, когда ты впервые обращался к бухгалтеру, и текущей ситуацией. Тебе никогда не нравилось туда ходить, а теперь тебе нравится проводить финансовые встречи или собрания по налоговому планированию с нашим бухгалтером. В чем разница при создании?

Ну, разница в том, что денег не избежать. Если бы у меня была точка зрения, что мне нужно избегать тему долгов и денег, как бы я мог говорить с бухгалтером? Совсем непросто говорить с бухгалтером, когда у вас есть точка зрения, что деньги отвратительны. Мне пришлось преодолеть и поменять эту точку зрения касаемо денег. Теперь, когда я встречаюсь с нашим бухгалтером, я спрашиваю: «И что у нас тут? Что мы с этим можем сделать? И как мы сюда это вставим? А как мы можем здесь сэкономить на налогах?» Это просто здорово, так как созидание снова начинает радовать, и все это не создает дополнительных долгов. Теперь это касается создания будущего и богатства.

Итак, Брэндон, как ты менял свою точку зрения? Ты можешь дать нам, например, три вопроса или инструмента?

Мой инструмент номер один - 10%-ный счет. Прямо так. Номер один. Если вы это сможете, вы выберитесь из долгов. И причина такова, что если вы можете сразу отложить 10% от всего, что вы зарабатываете, если вы получите 1000 долларов в неделю и до того, как оплатите свои счета, и тому подобное, вы отложите 100 долларов на отдельный банковский счет или в ящик тумбочки или еще куда-то и не будете их трогать, если вы зарабатываете 1000 долларов в неделю и отложите 100, сколько скопится у вас за 3 года? У вас будет 15.600 долларов. Таким образом если у вас есть 15.600 долларов на отдельном счету, вы будете чувствовать, что у вас есть деньги или что у вас их нет? Что касается меня, я это делал примерно пять раз, доходил до двух или трех тысяч и все тратил. Потом я сказал Симон: «Все это не работает. Мне очень хочется поменять свою финансовую ситуацию, я очень хочу это сделать». Я этого требовал, еще я заявлял: «Ты можешь придержать эти деньги для меня? Ты можешь придержать мои 10%?»

И ты сказал: «Не давай мне эти деньги, даже если я буду просить».

И я думаю, что я еще пару раз просил.

Да, ты просил, и я сказала: «Нет». И ты сказал: «Что?»

Я сказал: «Черт побери!» И вот с тех пор прошло примерно два или три года, и я не трогал эти деньги. Они копились и копились, и копились. И сейчас у меня в банке есть определенная сумма, и я больше не чувствую, что у меня нет денег.

А могу я тебя спросить, какое количество денег тебе было необходимо иметь на своем 10%-ом счету, прежде чем ты почувствовал, что у тебя есть деньги?

Я думаю, что в начале это было примерно 10.000 долларов. И когда я их собрал, сумма поменялась на 30.000. А потом она выросла до 50.000. Но как только вы доходите до определенной суммы, это как: «Ой, у меня есть деньги. И что теперь?» Это было моим первым шагом. И это и есть мой первый совет, как выбраться из долгов. Следующий совет – записывайте все свои расходы, абсолютно все. Хочу сказать, что мы это делаем каждые несколько месяцев, и мы ежемесячно добавляем туда подарки на Рождество. Поэтому мы знаем, что, когда наступит Рождество, мы можем потратить 1000, 2000, 3000 долларов на подарки или рождественский обед, или будем принимать у себя семью. Вы же понимаете, что это тоже расходы.

Я помню, что как-то однажды мы выяснили, что потратили на Рождество 8000 долларов. И вместо того, чтобы расстраиваться: «Ох, 8.000 на Рождество», мы разделили это на 12...

И добавили к нашим ежемесячным расходам.

Ты можешь рассказать нам побольше о том, как ты разбираешься с ежемесячными расходами?

Хорошо, если вы человек старой закалки, запишите это на листке бумаги. Если вы человек новой закалки, то используйте таблицу Excel, которую лично я терпеть не могу, так как не умею этим пользоваться. Симон просто говорит: «Ой, я могу копировать и вставлять пункты в список, как никто другой!» Так вот, составьте список, запишите: «Машина: регистрация, бензин» и все такое. «Дом: арендная плата или ипотека». Потом запишите коммунальные услуги, воду, электричество. Траты на детей, школу, одежду. Траты на себя. Ваша одежда, что там еще... Но все, на что вы тратите деньги, нужно занести, поскольку это то, что вам нужно для жизни. Это то, что требует ваше тело. Запишите все в виде ежемесячных или еженедельных трат, как вам удобнее, и посмотрите. Если, например, вы получаете 1000 долларов в неделю, а ваши расходы составляют 1500, то как же это сработает? Вам не хватает 500. Вместо того, чтобы психовать и говорить: «Хорошо, мне надо урезать свои расходы, мне надо пересмотреть и упростить свой образ жизни. Нужно меньше развлекаться. Мне не стоит больше ужинать по ресторанам», - посмотрите на это так: «Хорошо, что мне нужно добавить в свою жизнь, чтобы создать эти 500 долларов и еще больше?» Смотрите, что вам можно добавить в свою жизнь, а не что из нее урезать.

Когда ты это сделал в первый раз, ты помнишь сумму, и что для тебя это значило?

Не помню, просто понятия не имею. Но я думаю, что это было... не могу сказать точную цифру, честно говоря, но это наверняка было немного. Я помню, что это точно было больше, чем я зарабатывал, это было конкретно больше. И вот отсюда и возникали задолженности. Я не имел понятия о том, чего стоит мой образ жизни. Используем 1000 долларов, как пример. Если я зарабатывал 1000 в неделю, а потом подсчитав свои расходы я видел сумму в 2500, то если я все больше и больше залезал в долги и не знал, почему это происходит. Я просто думал, что это плохое распоряжение деньгами и такова воля вселенной... Бог меня ненавидит: «Господи, почему ты меня так не любишь?» Но у меня не было образования в этой сфере, поэтому, как только я это записал, я понял: «Ах, вот почему я погряз в долгах. Я не зарабатываю достаточно, чтобы покрывать свои расходы». И это создало для меня абсолютную ясность. Я подумал: «Хорошо, здорово. Мне не хватает 1000 или 1500 в неделю по сравнению с тем, что я должен зарабатывать». Так что у вас есть выбор. Либо вы выбрасываете из своей жизни то, что любите делать, или подумаете: «Хорошо, что мне сегодня нужно добавить в мою жизнь, что может принести больше денег? Что еще я могу создать? Какие еще источники дохода?»

Какие еще вопросы и инструменты ты использовал, чтобы изменить ситуацию с долгами и генерировать деньги?

Вопросы – это ценная штука. Вам следует задавать вопросы, поскольку вселенная на них откликнется. Это не является линейным. Что касается меня, я вырос в линейности, но как только я начал задавать вопросы, я понял, что могу о чем-то попросить, и оно появится. Вам нужно, в каком-то смысле, не просто говорить, но и действовать. Спрашивайте: «Что нужно, чтобы это проявилось?» И верьте себе, что так оно будет. Доверяйте вселенной, что так оно и будет. Потому что со мной так и было. Я знал, что моя жизнь изменится, и я знал, что, если я задам вопросы, и начну выбирать другие вещи, так оно и будет. Я не знал, как, но так все и случалось.

Еще спрашивайте: «Что я ненавижу в деньгах?» «Что мне нравится в том, что у меня нет денег?» Это может быть неожиданно, так как вы скажете: «Но я не ненавижу деньги. Я их обожаю, но у меня их нет». Если у вас их нет, то вы их не любите. И это один момент, в котором мне пришлось быть предельно честным с собой и сказать себе: «Правда, есть что-то, что я не люблю касательно владения деньгами». Поэтому, спросите себя сами и будьте готовы на это взглянуть и признать: «Однако, какая странная точка зрения. Что мне нужно, чтобы это изменить?»

Другой вопрос, который вы можете задать, это: «Что я не готов сделать за деньги?» Дело в том, что множество людей согласны сделать ради денег одно и другое, однако если вы действительно желаете иметь все деньги в мире, иметь и создавать все, что желаете, вы должны быть готовы делать абсолютно все, что для этого нужно. И это было то, что я для себя уяснил. Еще я обратил внимание на то, что мне следовало иметь достаточный уровень требования в своей жизни. Если я собираюсь настолько изменить свою жизнь и владеть деньгами, и иметь все, что пожелаю, мне действительно придется сделать для этого все, что будет нужно. Один из моментов, который я часто вижу в людях, это то, что они не готовы делать все необходимое.

Кстати, говоря о том, чтобы делать все необходимое, чтобы что-то создать... В первый раз, когда ты поехал в Америку, ты полетел эконом-классом. В первый раз, когда ты полетел из Австралии в Италию, что было достаточно долгим путешествием, это тоже было эконом-классом. А сейчас ты путешествуешь на частном самолете. Ты когда-то ранее задумывался, что это возможно?

Я всегда знал, что это возможно. Однако смешно то, что свою первую поездку, которую я совершил в Америку, я сделал ради

7-ми дневного класса в Коста-Рике. На моем банковском счету было накопленных 10.000 долларов. И я считал так: «Я поеду в Америку, буду путешествовать бизнес-классом, и я пройду этот класс». Я смотрел на билеты в бизнес-класс и их стоимость была 6000 долларов. С учетом цены класса мне бы вполне хватило. И я подумал: «Клево». А потом я взглянул на все это еще раз и удивился: «А почему я это выбираю? Сейчас у меня есть 10,000 долларов, я могу купить билет в эконом-классе за 1000 долларов, пройти класс и у меня еще останется 5000, чтобы сделать больше или создать больше, или иметь немного большую свободу с деньгами». Поскольку о деньгах я точно знаю то, что, когда они у тебя есть, у тебя есть больше свободы творить. С ними я могу создавать больше, чем без них. Поэтому я посмотрел на все это и подумал: «Эх ты, это сумасшествие!» У меня была такая странная точка зрения, что, если я буду выглядеть, будто у меня есть деньги, тогда я смогу сделать больше денег. Или если я могу лететь по билету бизнес-класса, то на этом 13-ти часовом полете я могу вести себя как богатый человек, и тому подобное. Для меня посмотреть на все это означало: «Так, мне надо быть более практичным: 1) с тем, как я смотрю на деньги, и 2) с тем, как я их трачу».

Вообще, у тебя был выбор. Ты мог выбрать потратить все свои деньги, однако, ты выбрал другой вариант.

Я много летал эконом-классом, когда только начинал. Я знал, что хотел путешествовать бизнес-классом, и я заходил на борт самолета и видел всех этих людей в бизнес-классе и не думал: «Ой, только посмотрите на этих богачей». Это был бы не я. Я поднимался на самолет и думал: «У меня так будет, во что бы то ни стало. Что мне нужно, чтобы это иметь?» Я проходил и садился на свое место. Получал удовольствие от полета. Я начал копить мили от различных авиакомпаний и получать улучшенные условия. И потом, когда я получал доступ в бизнес-класс, я говорил: «Это прекрасно! Это то, как я хочу, чтобы выглядела моя жизнь. Что для этого потребуется?»

Подводя итог, это было все, я требовал то, что желал, задавал вопросы, и благодаря этому все и начало проявляться.

Откуда, как ты видишь, приходят деньги? Как ты видишь, что они проявляются? Что за последнюю пару лет для тебя изменилось, с тех пор как ты поменял свою точку зрения о деньгах?

Ну, во-первых, как ты только что сказала, нужно изменить свою точку зрения на счет денег. Потому что ваша точка зрения создает вашу реальность. Именно так. Вот и все. Если у вас есть точка зрения, что я зарабатываю 20 долларов в час, и я работаю 40 часов в неделю, это 800 долларов, и это все, что вы сможете заработать. Вот так. Если вы скажете, что это то, что у меня есть, и это то, что я делаю, то это все. Потому что, как только вы придете к выводу, что это все деньги, которые вы зарабатываете, именно это и проявится в вашей жизни. Но если вы скажете: «Хорошо, круто. У меня 40-часовая работа. Я зарабатываю 20 долларов в час. Это 800 долларов в неделю. Это потрясающе. Это мой хлеб с маслом. Этого хватает на аренду за квартиру, на еду, еще что-то. Теперь, что еще возможно? Что еще я могу создать? Какие другие потоки доходов я могу иметь?» И еще раз, это вопрос. Все время. Если вы начнете задавать вопросы, и проснувшись с утра вы в первую очередь поменяете свою точку зрения, вместо того, чтобы думать: «Я должен идти на работу», вы будете действовать исходя из: «Прекрасно. Я собираюсь на работу, и что еще возможно?» Я гарантирую вам, что если вы искренне отнесетесь к этому вопросу, и вы искренни с точкой зрения, которая у вас есть по поводу того, что: «Вы собираетесь создать свою жизнь по-другому, и вы собираетесь создать ваши денежные потоки по-другому, независимо от того, что потребуется», я гарантирую вам, что в течение шести месяцев у вас будет другая финансовая реальность; я гарантирую это!

Когда я впервые встретила тебя, ты был плиточником - ремесленником - как мы называем это в Австралии, и у тебя был бизнес с кем-то. Можешь ли ты рассказать немного больше о том,

как ты пришел к тому, чтобы создать гораздо больше источников дохода? Что я также вижу, и ты это создаешь и в своей жизни, это то, что нет конца тому, сколько потоков дохода можно иметь. Не можешь ли ты немного рассказать об этом?

Ну, первое, на что я посмотрел, было то, что я работал очень тяжело 5 дней в неделю, или 5 с половиной, или 6 дней в неделю, а потом говорил: «О, круто, наконец-то воскресенье», и я лежал и смотрел телевизор или пил пиво, или делал еще что-то. Я помню, когда я встретил тебя, я делал то же самое, но моя жизнь уже достигла того момента, когда я оглянулся, начал рассматривать свою жизнь, думать всего ли мне достаточно и насколько я счастлив с тем, что я в ней создаю. И понял, что это не так. Мне было скучно до смерти. Поэтому я посмотрел на это все и сказал: «Хорошо, что еще я могу добавить в свою жизнь?» и это то, на что я сейчас смотрю: действительно ли я хочу пойти и ...? У нас есть деньги. Я мог бы пойти домой и буквально расслабиться. Я мог бы просто пойти домой и покататься на водных мотоциклах и отдохнуть. Меня это устроит? Да ни в жизни. Мне нужно много чего делать. Если я создаю свою жизнь, я счастлив. Если я просто сижу, то нет. Это потрясающе пойти и покататься на водных мотоциклах или что-то еще, и мне этого недостаточно. Я знал, что работы с 9 до 5 не достаточно для меня. Я знал, что сидеть с пивом по воскресеньям - недостаточно для меня. Я не говорю, что это не подходит и вам, но, если это так, вам нужно посмотреть на это. Первый вопрос: «Что еще я могу добавить в свою жизнь?» Это то, на что я смотрю каждый день: «Что я могу добавить в свою жизнь сегодня?» Вместо того, чтобы говорить: «Я слишком занят» или «Я не могу больше ничего делать». Это ложь. Двигайтесь вперед. И когда вы наткнетесь на: «Ну, я слишком занят» или «Я не хочу этого делать», спросите: «Это действительно моя точка зрения? Или кого-то другого?»

Одна вещь, которую мы добавили в нашу жизнь - это портфель акций. Какова была твоя точка зрения в начале и что тебе нужно было изменить, чтобы создать успешный, очень успешный портфель акций?

Что ж, акции вызывают мой сильный интерес, потому что есть что-то в том, чтобы быстро заработать деньги, что до чертиков приводит меня в восторг. Я имею в виду, я помню, что ходил в ТАВ, когда мне было 11 или 12 лет, это место азартных игр в Австралии, куда вы приходите делать ставки на лошадей. Мой папа дал мне 1000 долларов наличными и список лошадей, на которых он хотел, чтобы я пошел и поставил. Я ходил туда, и делал ставки, а потом забирал его выигрыши. Ну, он или терял все деньги, а затем становился агрессивным уродом, или отправлял меня обратно, и я забирал 3 или 4 тысячи, и я думал: «Ооо, это было легко». Таким образом, мне нравилось быстро зарабатывать деньги, это было весело. Так же было и с акциями: «Вау, вы можете зарабатывать деньги так быстро, просто используя вашу осознанность?» И это то, что мне нравится в акциях, а именно: «Если мы купим это, оно принесет мне деньги? Да? Нет? Да? Да? Ладно, круто, давай купим».

Ну, у нас на самом деле был такой портфель акций, который так хорошо работал, что мы продали группу акций и купили дом на реке в Нуса, в Квинсленде; что не является дешевой покупкой.

Мы купили эти акции; они был очень дешевыми. Это были копеечные акции, и мы их купили много. На самом деле, мы купили их, когда они был дорогими, и мы купили их, когда они были дешевыми, но мы купили много, когда они были по низкой цене, а в последнее время они сильно выросли в цене, потому что мы это предвидели. Мы продолжали их покупать и покупать. Все говорили нам: «Вы сумасшедшие. Вы психи. Вы сошли с ума». Наши бухгалтеры говорили нам. Наши друзья говорили нам. Семья говорила нам: «Не делайте этого. Вы кладете все яйца в одну корзину». Что же мы сделали? Мы продолжали покупать их. Зачем? Потому что мы знали, что они вырастут. Итак, я хочу сказать, что было бы, если бы вы действовали исходя из своих знаний о том, что создаст вашу финансовую реальность, а не из того, что вам говорят другие люди?

Итак, вы пойдете к своему бухгалтеру, например, и он говорит: «Ну, вы должны сделать следующее, потому что это безопасно», или вы должны сделать это, или вы должны сделать то. Что вы знаете о деньгах, чего никто другой не знает? Или что вы знаете о деньгах, чего вы не готовы признать? И что, если вы спросите себя: «Что я знаю о деньгах, чего я не готов признавать?» И: «Хорошо, так что мне нужно сделать, чтобы это осуществить?» Это словно: «Отлично! Вселенная, ты дала мне эту осознанность о том, что мне нужно знать о деньгах, и что теперь?» Спросите: «Что потребуется для того, чтобы это проявилось?» «Что мне необходимо сделать?» «С кем мне нужно поговорить?» «Что мне нужно для того, чтобы это осуществить?» Вам нужно от себя этого потребовать. Это то, что вам придется сделать, если вы хотите, чтобы ваша жизнь изменилась.

Одна из вещей, которой Access научил меня, это то, что я знаю какие-то вещи. Я не думаю о каких-то вещах для того, чтобы их знать. Я не читаю книгу, чтобы их узнать. Я просто знаю это. Поэтому, если я задаю вопросы и спрашиваю: «Ладно, так что я здесь знаю на эту тему?», и затем что-то всплывает: «Хорошо, круто», и я иду в этом направлении. Вместо того, чтобы решить: «Ну, она сказала, сделать это, поэтому я делаю это. Теперь они сказали сделать это, значит я сделаю это». Нет. Задавайте людям вопросы, чтобы получить информацию, а не ответы.

Брэндон, я очень, очень благодарна, что ты присоединился к нам сегодня. Есть ли еще что-нибудь, что ты хотел бы добавить, прежде чем мы закончим?

Еще одна вещь, с которой я и хочу вас оставить: деньги следуют за радостью. Радость не следует за деньгами. Если вы готовы иметь радость в своей жизни во всем, включая деньги, они за этим последуют. Если у вас была бы вечеринка, и вы пригласили бы деньги, и сказали, что не будет никаких напитков, ни танцев, ни смеха и радоваться запрещено, думаете, что деньги захотят прийти на эту вечеринку? Так что, если вечеринка, на которую вы пригласили деньги, была бы на тему: «Эй, давайте веселиться вместе». Если бы деньги были энергией, и вы были готовы пригласить их повеселиться, у вас было бы их больше в вашей жизни или меньше?

ИНТЕРВЬЮ С ГЭРИ ДУГЛАСОМ

Эпизод из интернет радио-шоу «Радость бизнеса» «Как с радостью выйти из долгов с Гари Дугласом», эфир от 5 сентября 2016 года.

Гэри, ты один из самых вдохновляющих людей, с которыми я когда-либо сталкивалась в отношении того, как ты смотришь на деньги, какие точки зрения у тебя были о деньгах, какие точки зрения о деньгах у тебя есть сейчас, это пространство где ты всегда готов менять его, и конечно же, ты являешься основателем Access Consciousness. Итак, все инструменты, о которых мы говорим здесь, пришли от тебя, и ты помог не только мне, но и сотням тысяч людей фактически изменить свои точки зрения о деньгах. Поэтому спасибо тебе за это.

Спасибо. И мне пришлось изменить свои точки зрения по поводу денег, чтобы иметь возможность их получить.

Мог бы ты рассказать нам немного о том, как ты рос? Какой была твоя жизнь в семье? У вас были деньги; образование? Как это было?

Я вырос в эпоху телешоу «Проделки Бивера»; настолько давно, что у меня особо не было возможности даже заниматься сексом. То есть можно было говорить о каких-то вещах, но только их не делать. Я вырос в семье среднего, среднего, среднего, среднего, среднего, среднего, среднего, среднего класса, где, когда мебель изнашивалась, вы избавлялись от неё и покупали новую, чтобы поставить ее точно туда же и ничего не менялось; это было всегда одно и то же. Вы использовали свои ковры, пока на них не появлялись проплешины, а затем вы меняли их на новые. Их не переворачивали в другую сторону, не меняли и ничего с ними не делали; все ставилось на те же места и оставалось там же. И когда я рос, моя мать однажды сказала мне, то есть она сказала это кому-то другому в моем присутствии: «Я не думаю, что у Гэри когда-нибудь будут деньги, потому что он все отдает своим друзьям». Потому что я получал 50 центов в качестве карманных денег, и я брал их, и шел покупать моим друзьям пирог и колу, и прочее; в те дни они были офигительно дешевыми. Можно было купить комиксы за пять центов. Это чтобы дать вам представление о том, как теперь все отличается. Так что в те дни 50 центов были большими деньгами. Я получал 50 центов, и я тратил их на покупку пирога и колы для своих друзей и для себя, мне было интересно хорошо провести время. И моя мама сказала: «У тебя никогда не будет больше денег, если ты не станешь серьезнее и продолжишь тратить свои деньги на других людей». Я сказал: «Но это весело!»

Чему она пыталась научить тебя в то время? Касалось ли это экономии денег?

Все крутилось вокруг экономии на черный день, но она и мой отец выросли во время великой депрессии, поэтому, с их точки зрения, нельзя было тратить деньги, а следовало позаботиться о деньгах, которые уже есть, нужно было сокращать расходы как можно больше, и никогда не выходить за пределы чего бы то ни было; никогда не выбирать ничего большего. Самое смешное в этом то, что мой отец был немного игроком, и вот в 1942 году, когда я родился, мы жили в местечке Пасифик Бич (Pacific Beach) в Сан-Диего, а прямо по дороге было небольшое поселение под названием Ла Хойер (La Hoyer); которое сейчас является одним из самых дорогих районов Сан-Диего. У моего папы был шанс купить земельный участок в том месте, которое сейчас является центром Ла Хойер, всего за 600$, и у них были эти 600$ в сбережениях, но моя мать не позволила ему это делать. Моя мать всегда говорила: «Нет, нет. Ты должен подождать, пока у нас будет больше денег». И это всегда крутилось вокруг ожидания, в отношение всего. И она верила, что прежде чем создавать, нужно ждать.

Так каким же был типичный ужин в доме у Дугласов: тебе позволялось говорить о деньгах за столом во время еды?

Нет, нет. Нельзя говорить о деньгах. Это невежество! Деньги - не предмет для обсуждения. Смешно то, что люди, у которых есть деньги, считают, что «Нельзя говорить о деньгах, это оскорбительно», правда? Почему если ты бедный, то это невежество, а если богатый, то оскорбительно? Не понимаю. Ни одно из этого не нормально. Было так интересно наблюдать, как это делала моя семья. Моя мама делала нам салаты... клала кусочек листового салата на дно тарелки, на него ломтик ананаса, причем она вырезала маленький кусочек из каждого ломтика и соединяла края вместе, потом сюда капала майонезом и сверху все посыпала натертым сыром. Это был наш салат. Она покупала маленькую банку, в которой было три ломтика, но делала четыре салата, используя те вырезанные кусочки из трех ломтиков. И все это, чтобы у нас было четыре салата, чтобы у нас было что-то поесть. Я продолжал спрашивать: «Почему?» Потом еще она кормила меня такими вещами как брокколи, и я говорил: «Но я это не хочу». И она говорила: «В Китае дети голодают. Ешь немедленно». А я отвечал: «Можно, я лучше это отправлю им?» Мне за это здорово влетело!

Когда ты рос, ты был окружен энергией «делать все как надо»... ты говорил, что твои родители пережили депрессию. Со всем, что вокруг тебя происходило, было ли, что ты где-то купился на их точки зрения? Или может ты всегда знал, что ты другой? Как у тебя это было?

Интересно всегда было то, что во время Рождества мы гуляли по району города, где жили богатые люди, и смотрели на их шикарные Рождественские елки, поскольку у них были панорамные окна, и в них виднелись чудесные елки. И мы гуляли и на них любовались. Сегодня мы бы пошли гулять и смотреть на огни, которыми люди украшают свои дома. Родители говорили: «Ой, как здорово, что они так украсили». И я сказал: «А можно у нас тоже будет такое дерево?» И они говорили: «Нет, дорогой, эти богатеи все равно несчастны». А я про себя думал: «Можно я все-таки попробую?»

Таким образом, когда ты рос, основной была мысль, что счастье не в деньгах?

Ну, деньги не приносят счастья. Знаешь, моя мама говорила: «Счастье за деньги не купишь». Я спрашивал: «А что на них можно купить?» Мне это было очень интересно. А она отвечала: «Ты не можешь себе этого позволить. Это тебе не по карману. Тебе это недоступно». Все крутилось вокруг того, что мы не можем себе позволить, а не вокруг того, что мы можем себе позволить. Что касается развлечений, поскольку мои родители были бедные, то развлечением было по субботам и воскресеньям пойти глазеть на дома богатых, выставленные на продажу. Я заходил в дом и вздыхал: «Как мне нравится этот дом. Можно мы его купим?» «Нет». «Он мне так нравится. Ну можно...?» «Нет.» «Ну мне очень нравится...» «Нет». Зачем мы на это любуемся? Если мы не можем себе это позволить, почему мы на это смотрим? И у меня появилась точка зрения, что если ты не можешь себе что-то позволить, зачем на это смотреть, пока ты не придумал пути, чтобы это заполучить?

Ты сразу родился со своей точкой зрения о деньгах? Когда ты начал менять свои точки зрения касаемо денег и понял, что ты совсем другой?

Ну, во-первых, я понял, что не хочу так жить. У меня была богатая тетя, которая жила в Санта-Барбаре, и мы периодически ездили ее навещать. У нее был китайский фарфор, хрустальные бокалы и серебряные приборы. Для нее все это было нормально. Вместо того, чтобы идти в магазин и покупать несколько булочек за 1,79$ она шла в кондитерскую и покупала шесть штук за 6$. И я думал: «Господи, я хочу жить, как она!» Она слушала оперу и жила так элегантно. Я требовал: «Знаете, что? Я хочу жить таким же образом. Я хочу, чтобы была красивая музыка, я хочу жить в красивых местах и иметь их в собственности. Я хочу есть из красивой посуды и иметь красивую мебель». В моей семье, если это было не практично, значит тебе это было не нужно.

Я всегда был поражен теми вещами, на которые мои родители никогда бы не потратили деньги. Во времена моей юности можно было посмотреть два фильма подряд. Меня отправляли в кино по билетам стоимостью в 25 центов за штуку, и это для родителей заменяло функцию няни, чтобы они могли хорошо провести время без меня. И они отправляли нас одних с маленькой сестрой смотреть 2 вестерна про ковбоев подряд. И на двоих мы могли взять один маленький пакетик попкорна и одну маленькую колу, это было все, что было нам по карману. По особым случаям раз в месяц нам накидывали 10 центов на коробочку мятных шоколадок.

Когда твоя мама заявила, что у тебя никогда не будет денег, раз ты тратишь их на друзей, я считаю, что это касалось [не столько траты денег, а] скорее щедрости духа, из которой ты функционируешь ... ты всегда даришь все, что только можешь. У тебя в этом нет границ. Насколько ты считаешь важна щедрость духа для того, чтобы реально создать больше денег в своей жизни? Какой от этого эффект?

Одна из вещей, которую я заметил, что, когда я давал друзьям пирог и колу, возможно из-за сахара, они становились счастливее, это, во-первых. А во-вторых, они мне тоже приносили что-то из дома, что они думали, мне может понравиться. В то время я просто сходил с ума по комиксам. Поэтому они всегда давали книжки с комиксами, которые они уже прочитали. Значит, мне не нужно было тратить деньги на комиксы. Я все равно покупал комиксы, но я им давал пирог, а они мне – книжки, и у меня в итоге получалось больше комиксов, чем если бы я потратил на них все свои деньги, а не потратился на пирог.

Гэри, одно из того, о чем вы говорите в Access, это разница между тем, чтобы давать и брать, и дарить, и получать. Ты можешь рассказать об этом немного больше?

Я заметил, что, если вы что-то искренне дарите и у вас нет никаких ожиданий, тогда вещи приходят к вам другими путями из неожиданных мест. Я, например, заметил, что, когда я дарил пирог друзьям, я от них тоже что-то получал, но еще я получал подарки и от других людей. Я хочу сказать, что у меня были соседи, к слову, я наверно был вполне симпатичный, но они все время дарили мне особые подарки. Я что-то для них делал, например, если их почту приносили нам, я ее к ним относил, что-то в таком роде. Но они всегда дарили мне маленькие презенты, поскольку я был щедр в плане своего времени, своей энергии и своей улыбки. В то время у меня больше ничего не было, понимате? Мне было 8, 9 лет. Больше мне было особо нечего дать. Поэтому, если ты давал то, что давал, потому что это все, что у тебя было, люди тебе давали больше, чем если бы ты для них ничего не делал. Так я начал понимать, что кроме точки зрения моих родителей есть что-то еще.

Единственный раз, когда я видел, что мой отец, который всегда был щедр, волновался, это когда он видел кого-то, у кого не было достаточно еды. Он всегда давал им еду, несмотря на то, что мы жили так, как будто у нас ее не было. Но в нашем доме всегда было что-то на десерт. Всегда было мясо, картошка, салат и десерт, и это подавалось на каждый прием пищи. Моя мама выросла на ферме, такое у нее было представление о жизни.

Мой отец вырос без отца, его отец оставил его мать. Он охотился с ружьем. Нашел способ купить 22-ой калибр и с его помощью стрелял кроликов, чтобы прокормить всю семью. А его отец бросил жену с 6-ю детьми выживать без него, поэтому он ненавидел своего отца. И он шел и, практически, работал на убой, и он это делал, чтобы мы не страдали и не голодали. Я думал, что это было просто удивительно, поскольку мой дядя и моя тетя получили высшее образование, а отец – нет. Он был занят, стараясь прокормить семью, он никогда не учился. К концу дня у него не было сил. Он был прекрасным спортсменом и все такое, но он так и не научился создавать деньги. Единственное, что он получил от своего отца, это осознание того, что надо заботиться о своей семье и людей нужно кормить. И это все точки зрения, которые у него были касаемо денег.

Поэтому, я, в каком-то смысле, перенял эту точку зрения, и когда у меня появилась семья, то я тоже прежде всего хотел это делать. Но потом я сообразил: «Погодите, я умудрялся создавать больше денег, пока был готов быть щедрым». И я видел, что мой отец был щедр по отношению к людям, у которых ничего не было. И я видел, как они возвращались к нему с дарами добра и заботы, и любви, которые я больше нигде не видел. Мои родители были достаточно выдающимися. Я очень рад тому, что они мне достались как родители. Моя мать была доброй. Мой отец был добрым. Они не делали с нами ничего такого ужасного. Они нас не били. Мне серьезно досталось всего три раза в моей жизни. Они старались о нас заботиться, старались делать для нас все самое лучшее и хотели, чтобы у нас было хорошая жизнь. И я понял именно это, что очень немногие осознают о своих родителях. Они смотрят на то, что их родители им недодали. И они не смотрят на то, что родители им дали. А я действительно понял, что мои родители делали абсолютно все, что могли, с тем, что и них было. Поэтому, когда я навещал тетушку, я подумал: «Я хочу так жить. Во что бы то ни стало, я буду так жить».

То, что я постоянно вижу в людях, это то, как они покупаются на точки зрения о деньгах своих родителей / бабушек и дедушек / людей, с которыми они выросли, вместо того, чтобы задавать вопросы, какой может быть их финансовая реальность. Я могу видеть, как ты, в некотором смысле, принял их дар и тем не менее создал свою собственную точку зрения, ты создал свою собственную позицию касаемо денег.

Ну, я начал рано задавать вопросы. «Почему у меня не может этого быть?» «Почему, почему, почему?» Как обычно говорила моя мать: «А ты не мог бы, пожалуйста, перестать задавать вопросы?» «Хорошо, а почему бы нам не...» Я мог молчать всего примерно десять с половиной секунд.

Ничего не изменилось. Я все такой же. Я всегда задаю вопросы. И я всегда задавал вопросы еще тогда, потому что я смотрел на вещи, и спрашивал: «Почему это так?» Я наблюдал, как мои друзья говорят: «Ну, ты не можешь это иметь. Ты не можешь этого сделать». И я говорил: «Почему?», а они отвечали: «Ну, потому что не можешь». Я спрашивал: «А почему нет? Все, что вам нужно сделать, это следующее. Я уже делал это». А они говорили: «Да, но ты не можешь этого делать».

«Почему нет?» - спрашивал я. Я вырос во времена, когда поставить под сомнение авторитет кого-либо имело большое значение. Но я рос в хорошее время и ставил под вопрос все.

Каковы некоторые из прагматических, практических инструментов, которые ты мог бы дать людям; какие-то вопросы, любимые вопросы или инструменты, чтобы начать создавать свою собственную перспективу в сфере денег?

Ну, один из первых вопросов, что я придумал для себя, когда был ребенком, был таким: «Хорошо. Что мне нужно сделать, чтобы получить необходимые деньги?» Я начал задавать этот вопрос. Единственное, о чем я мог думать, что мои родители, должно быть, пытались привить мне трудовую этику, потому что они оба постоянно работали и просто не могли иначе. Поэтому я сказал: «Так что я могу сделать, чтобы заработать деньги?», и в ответ услышал: «Хорошо. Ты можешь косить газоны». И я был не очень крупным, я был тощим, костлявым ребенком, и я пошел к соседям и спросил: «Могу ли я покосить ваш газон?» И они сказали: «Конечно. Сколько ты хочешь за это?» - «Столько, сколько вы мне заплатите». И некоторые из них платили мне один доллар, а другие платили мне 50 центов. И я считал: «Ура, у меня 50 центов. Ура, у меня есть доллар». Я никогда не смотрел на то, что должен бы был получить. У меня не было реальности, состоящей из выводов, которая есть у большинства людей: я должен был сделать больше, я должен был получить больше, мне нужно было больше. Я говорил: «Ладно, у меня это есть. Что теперь?»

Значит, отталкиваясь от пространства благодарности?

Да. Я был благодарен за то, что получал вещи, и я заметил эту благодарность, когда раздавал своим друзьям пирог; в них была благодарность, которая придавала энергию мне и моему телу, энергию, которую я не чувствовал раньше. И я не чувствовал этого, когда видел людей, которые работали и чем-то занимались, а мне этого действительно хотелось.

Другая вещь, о которой ты говоришь, и я хотела бы услышать твои мысли по этому поводу – это использование денег для расширения реальностей других людей. Когда ты впервые пришел к осознанию этого?

Ну, это было на самом деле намного позже в моей жизни, потому что я буквально прошел период от «Да-да, я как хиппи, и у меня вообще нет денег», до: «Ладно, я стану наркоторговцем, и у меня будут деньги». И я выращивал марихуану, и у меня было много денег, но это не делало меня счастливее. Я заметил, что люди, которых я знал, которые много употребляли, оказались в тюрьме, и я сказал: «Знаете, это не мой путь. Поэтому я думаю, что я закончу с этим». Я работал на разных людей, и я делал все, чтобы делать это правильно, чтобы делать все правильно, и всякий раз, когда я делал нечто непонятно щедрое, что-то великолепное происходило в моей жизни. Я помню, мне было чуть больше двадцати лет, и я пошел работать в школу верховой езды, и я объезжал лошадей. И там была леди, которая была невероятно богата, и у нее была красивая породистая лошадь, которую она выставляла, и она была изящна и ездила на очень хорошем автомобиле. Я зарабатывал пять долларов в день плюс комната и проживание. И вот, она сидела на боксе для конного снаряжения перед стойлом своей лошади, и плакала, и я спросил: «Что случилось?» «Я на мели. У меня нет денег. Я совершенно без денег, я не знаю, что мне делать». Я сказал: «Хорошо, я могу отвезти вас на ужин?» И, я повел ее на ужин, и мы сидели там за ужином, который стоил 25 долларов; стоимость пяти дней моей работы. И она встала, чтобы пойти в туалет, а из ее сумочки выпала на землю чековая книжка и открылась, и стало видно, что у нее 47 000 долларов на счету.

Я подумал: «Не фига себе! Минутку. Ее идея банкротства означала, что у неё меньше 50 000 долларов». Через некоторое время у нас был разговор, и я сказал: «Знаете, я видел вашу чековую книжку. Что заставляет вас думать, что вы банкрот?» - «Каждый раз, когда у меня меньше $50 000, я знаю, что я на мели. У меня должно быть $50 000, или я без гроша». Я подумал: «Ну, это круто». И я понял, что для меня я был на мели, когда я был в стодолларовом минусе.

Ну, у всех разная перспектива.

Да.

Книга, которую ты написал с доктором Дэйном Хиром: «Деньги - это не проблема, проблема - это ты» - все те инструменты в той книге буквально вытащили меня из долгов, потому что я начала менять свою точку зрения о деньгах. Что действительно важно, что я вижу, так это то, что вам нужно изменить свою точку зрения. Вам нужно поменять то, как вы смотрите на деньги, как вы находите себя с деньгами, и как вы начинаете самообразование по теме денег.

Это была самая важная часть. Я там был с этой дамой, у которой было 47 000 долларов и лошадь за 20 000, а я практически ничего не мог себе позволить и должен был жить в какой-то комнате в клубном доме, и зарабатывал $5 в день, но я занимался тем, что любил. Я осознал, что она тратит много денег, чтобы делать то, что любит. А я зарабатывал немного денег, чтобы делать то, что я люблю. Я подумал: «Ладно, что потребуется, чтобы иметь другую реальность?» Я начал с вопроса: «Как бы это было, иметь другую реальность?» Я хотел быть как она, создавать свои деньги, чтобы тоже тратить много денег на удовольствия. Я хотел развлекаться, но я также хотел и денег, и тогда всё начало для меня меняться. Я спросил: «Ладно, знаете, что? Это должно измениться». И это единственное, что я думаю, вам нужно сделать, это посмотреть на свою ситуацию и потребовать: «Все, хватит! Это должно измениться». И просто заняться этим, просто постоять за себя. Просто принять эту точку зрения; и это то, что сделала ты, Симон, когда сказала: «Хватит. Я выхожу из этих долгов». Это словно вы занимаете свою позицию, а затем мир начинает приспосабливаться к тому, что вам нужно. Это замечательно.

Так я уже слышала, когда ты говорил, что мир начинает подстраиваться. И это одна из тех вещей, которую я услышала в начале и сказала: «Я понятия не имею, о чем ты говоришь». Для всех, кто впервые об этом слышит, ты можешь побольше рассказать об этом, «мир начнет приспосабливаться»?

Что же, доктор Дэйн Хир и я недавно купили ранчо. Я поехал в Японию, и впервые съел говядину Кобе, и сказал: «Ой, мне нужно заполучить этого побольше. Как мне это сделать?», - и кто-то сказал, что они разводят этот вид говядины только в Японии. А потом я узнал, что она есть в некоторых других странах, как Австралия, поэтому я спросил: «Интересно, могу ли я получить ее в Америке?» Так вот, мой друг вышел в интернет и нашел место в Америке, где они водились, и нашел мне семь таких коров. И я сказал: «Ох, было бы здорово, если бы у меня были эти коровы. Они такие красивые». А они такие красивые черные коровы. Они добрые и нежные, и они просто потрясающие существа; как-то и не хочется их уже есть.

Этот парень пошел и купил этих коров. Через пять дней он позвонил мне и сказал: «Я только что нашел семь таких коров»; а я только что уже купил семь. «Еще семь коров всего за 6 500 долларов». И я ответил: «Это меньше 1000 за корову. Я возьму их.»

Что я вижу в этом, Гэри, ты постоянно создаешь. Ты на самом деле не ищешь богатства или благосостояния, которое это создает, ты смотришь на то, что можно создать.

Да. И я подумал, что в худшем случае я могу есть целых 8 лет. Знаешь, у меня есть 8-милетний запас живой говядины ...

Многие люди не думают, что могут иметь богатство, они не думают, что у них может быть достаток. Я слышала, как ты рассказывал о том, когда тебе пришлось жить в очень маленькой спальне с твоим сыном и не есть ничего, кроме кукурузных хлопьев.

Это была не спальня. Это был шкаф. Я жил в шкафу, буквально, в чьем-то доме, и мой сын спал рядом со мной на поролоновом коврике. Моя одежда была подвешена на одном конце шкафа, а жил я на другом конце, и у меня не было денег, и все, что я мог себе позволить – это кукурузные хлопья и молоко; потому что в любом случае это все, что мой ребенок ел в то время. Я платил $50 долларов в неделю, чтобы жить в шкафу этих людей.

И тогда что ты потребовал от себя?

Я сказал: «Знаешь, что? Достаточно. Я больше не буду так жить; никогда больше не буду. Не важно, что потребуется. Я буду делать деньги. Я буду получать деньги». Сразу после этого все изменилось. Я всегда любил антиквариат, но я пошел в один антикварный магазин, чтобы продать кое-что, что у меня было. И я сказал: «Вау, в вашем магазине есть отличные вещицы, но вам бы следовало сделать кое-какую реорганизацию». Женщина посмотрела на меня и сказала: «Вы знаете кого-нибудь, кто может это сделать?» Я сказал: «Да. Я могу». «Сколько вы берете?» Уммммм: «$25 в час». Это было гораздо больше, чем я зарабатывал в то время, и я подумал - почему не спросить? Она сказала: «Я заплачу вам $35, если вы хорошо поработаете». «Договорились». Поэтому я пришел и сделал перестановку в её магазине, и на следующий день она продала пять вещей, стоявших в ее магазине два года, их купили двое человек, которые ходили в ее магазин много раз за эти два года. И они сказали: «О, это новое?» Я сказал: «Да!» И они сказали: «Ой, я думаю, что это было бы идеально для моего дома». Я узнал о рекламе то, что нужно переложить вещи по-новому, чтобы люди увидели их другими. Потому что иной свет создаст для них иной эффект. И посмотри на свою жизнь таким же образом; «Что я должен поменять в своей жизни местами, чтобы создать больше; чтобы продать себя подороже, создать больше денег, иметь больше возможностей в жизни?» Это действительно удивительно, что происходит, когда вы, наконец, начинаете задавать такие вопросы: «Как я могу организовать себя и свою жизнь, чтобы я выглядел для других людей иначе, чтобы они потом захотели купить то, что я могу предложить, и выслушать то, что я хочу сказать? «

Итак, опять-таки, это похоже на постоянное изменение твоей точки зрения по поводу денег. При этом делая то, что ты любишь.

Потому что ты любишь работать с антиквариатом. Поскольку ты, вероятно, сделал бы эту работу бесплатно.

Ведь я делал это бесплатно, поэтому я знал, что смогу это сделать.

Таким образом, в течение твоей жизни у тебя были различные заработанные тобой суммы денег. Я вижу, как много людей говорят: «Вот, теперь у меня есть дом, ставим галочку», и делают себе такую отметку. Или «У меня есть машина», и тоже ставят галочку. Кажется, что они перестают творить. Что ты можешь сказать людям или какие инструменты им дать, чтобы у них не было таких ограничений?

Главное то, что вам нужно определить, поставили вы себе цель или так называемую мишень. Давным-давно я узнал, что слово «цель» означает «тюрьма» (англ. Goal похоже на gaol, что является британской версией jail - тюрьма). Если вы ставите цель и ее достигаете, но не признаете это, то вам приходится делать шаги назад, чтобы вновь достичь ту цель, которую вы считаете, что еще не достигли. Поэтому, я подумал: «Постойте, я не буду ставить себе цели, я буду устанавливать себе мишени». И я устанавливал себе такую мишень, и как только я достигал того, чего хотел, я мог стрелять по ней снова и снова попадать в яблочко. И для себя я решил, что хочу иметь возможность постоянно меняться. Перемены – это для меня самое главное в жизни, ведь без перемен не бывает творчества. Если вы правда хотите сами создавать свою жизнь, начните меняться.

И когда вы находитесь в состоянии постоянных изменений, то с этими изменениями приходят и деньги. Приходит богатство.

Я знаю, это странно.

Ты можешь объяснить, как ты видишь разницу между состоятельностью и богатством?

Состоятельность – это накопление тех вещей, которые у вас за какие-то деньги могут купить другие. Богатство – это когда у вас есть достаточно, чтобы тратить, сколько захотите.

Если вы хотите иметь состояние, вам нужно окружить себя вещами, которые в любом случае впоследствии будут стоить еще больше. Если вы хотите богатство, вам нужно иметь достаточно, чтобы иметь возможность тратить и покупать то, что вы захотите. Все, кто мне знаком, кто выбрал богатство, они покупают эти вещи, а потом внезапно теряют желание иметь больше, поскольку они не стараются создать состоятельность, а стараются создать именно богатство.

Как только вы поймете: «Минутку, состоятельность включает в себя вещи, которые ценны для других. Что ценно для окружающих, за что они бы заплатили деньги?» И когда у вас в жизни это есть, все, что вы делаете, касается состоятельности жизни, а не богатства, которое вы можете потратить.

Поэтому, не стоит завязывать свою жизнь на деньгах, а лучше основывать ее на том, о чем мы говорили выше; на щедрости духа, созидании, готовности получать, готовности дарить?

И еще позволяйте себе быть щедрыми по отношению к самим себе. Поскольку большинство из нас не особо щедры к самим себе. Когда вы себя судите, вы не щедры к себе. Когда вы видите, что с вами что-то не так, вы к себе не щедры. А вам нужно быть щедрыми с самим собой. И это не зависит от того, сколько денег вы на себя тратите, это зависит от того, как вы о себе заботитесь.

Большинство из нас думает, что у нас с чем-то есть проблема, а на самом деле это не так. Это то, что мы придумываем, чтобы продолжать делать то, что нас ограничивает и удерживает на месте, где мы находимся. И это один из моментов, который я осознал о своей семье. Они хотели удержаться на одном и том же месте. У них был небольшой домик и все находилось под контролем. Все было о контроле. А я хотел быть несколько неконтролируемым. Я хотел делать что-то другое. И я рано начал создавать нечто другое. Понимание того, что я могу иметь что-то другое и могу выбирать что-то другое стало удивительной переменой в моей жизни. Именно это я и делал.

Я понял, что придется смотреть на вещи по-другому. Один из моментов, на который вам нужно взглянуть, это: «Что в этом правильного и что правильного во мне, что я не понимаю?»

Например, недавно мы катались на лошадях, и кто-то сзади подъехал к твоей лошади и лошадь начала пугаться. И сегодня я тебя спросил, могу ли я предложить информацию о том, что тогда случилось? И я сказал: «Смотри, ты должна понять, что у лошади такая точка зрения, что, если за ней бегут другие лошади, она тоже должна бежать. И лошади начинают к этому готовиться, настраиваться. Ты была верхом на своей лошади и ее контролировала, и она не побежала. Ты понимаешь, что это не является неправильным? Что это блестящая способность? Ведь большинство лошадей стараются тоже бежать, когда бегут другие. Ты же своей не позволила этого сделать. Ты смогла ее контролировать». Ты блестяще это сделала, а потом была так потрясена, что тебе показалось, что ты не хороший ездок и слезла на землю.

Разговаривая с тобой сегодня и наблюдая за тобой верхом, я мог почувствовать твое беспокойство, как бы лошадь снова не устроила то же самое. Но я хочу, чтобы ты себе уяснила, что на самом деле ты проделала с животным чудесную работу. Дело в том, что те, кто любит лошадей, редко вам говорят, что вы что-то сделали хорошо. Знаете, я люблю лошадей, но не люблю людей, которые любят лошадей, поскольку большинство из них не скажут вам, что вы сделали что-то хорошо. Наоборот, вам расскажут, что вы сделали неправильно. И я сказал: «До тебя, в конце концов, должно дойти, что это было просто чертовски блестяще». Ты сидела верхом и крепко держалась в седле. Ты бы не упала. Ничего бы не произошло. И твой конь тебя очень сильно любит, он о тебе позаботится. Ты его просишь, чтобы он о тебе позаботился, и он всегда это делает.

Я так благодарна, что ты со мной об этом говорил. И я поняла, насколько часто мы себя не подталкиваем вперед, не требуем от себя большего. Вместо этого мы слезаем с лошади и машем рукой, «ну и ладно».

Вы также «слезаете» и со своего бизнеса.

Вы также машете рукой на свой бизнес, вы перестаете создавать деньги. Поскольку что? Вы потеряли деньги? Что-то стряслось, и вы в минусе? И что? Что если настало время это изменить?

Я заявлял о своём банкротстве четыре раза, знаете, мне это не нравилось. Но я решил: «Довольно». Настоящей поворотной точкой в моей финансовой жизни была ситуация, когда в 55 лет мне пришлось занять денег у своей матери, чтобы не потерять дом. И до этого я позволял своим женам управлять финансами, после чего я сказал: «Довольно. Больше никогда я не буду в таком положении, что приходится занимать деньги у своей матери. Это отвратительно. Я слишком стар для того, чтобы это было моей реальностью». И я занялся делом и начал создавать деньги, и этим я и занимаюсь до сих пор. Это было феноменально. Скажем так, я не буду ждать, а буду всегда что-то создавать. Я все чего-то ожидал от своих жен, от своих партнеров, ждал, пока все что-то сделают. Я уже никого не жду. Я сейчас иду и делаю всю работу, для себя самого, поскольку я отношусь к себе с уважением. Вы тоже должны себя уважать, потому что знаете, что? Когда вы все делаете правильно, не смотрите на то, что вы сделали неверно, смотрите наоборот на то, что вы сделали правильно. Всегда спрашивайте: «Что правильного во мне и что правильного во всем этом, что я не понимаю?» и это изменит вашу жизнь. Это совсем не сложно.

Даже когда я [Симон] была в долгах, я, тем не менее, создавала, и никто не мог бы угадать, что у меня нет денег. А сейчас, когда у меня правда есть деньги, это совершенно иная энергия. Ты можешь рассказать, как изменилась для тебя энергия, когда у тебя на самом деле появились деньги, и теперь, когда у тебя уже есть деньги, и что это создает для тебя и для всей планеты?

Да. Я обожаю быть здесь, в Коста-Рике. У меня здесь есть лошади и я здесь покупал лошадей. Я дошел до осознания того, что каждый раз, когда я заинтересовывался в лошади, ее цена поднималась вдвое. Если она мне нравилась, она становилась вдвое дороже. Поэтому я старался сделать так, чтобы за меня ее купили другие, но это никогда не срабатывало. Одна из дам, которые для нас много всего делают в испанской общине, Клаудия, сказала мне: «Ты понимаешь, что ты богат». И я сказал: «Конечно, нет». Она опять: «Ты богат». И я сказал: «Да нет же! У меня же нет на счету миллионов». «Ты богат». И я взглянул на ситуацию и сказал: «Ну, я зарабатываю много денег, поэтому выгляжу богатым в глазах других». Ситуация была такая же, как с дамой, которая имела 47.000, а у меня было 5 долларов в день. Ее представление о богатстве и мое представление о богатстве были абсолютно разными. Не то чтобы одно из них было не правильным. Просто другим. Поэтому вам надо спросить: «Что я здесь могу изменить? И если я могу это изменить, как я могу создавать свою жизнь по-иному?»

Спасибо тебе за этот вопрос. У нас есть еще минута, есть ли еще что-то, что ты хотел бы рассказать людям по всему миру?

Идите и творите. Не ждите.

Если вы будете крепко держаться за деньги, вы их потеряете. Это гарантия их потери. Вы не можете их удерживать, вы только можете с ними творить. Деньги – это созидательная энергия в мире, а не непрерывная сила.

ИНТЕРВЬЮ С ДОКТОРОМ ДЭЙНОМ ХИРОМ

Эпизод из интернет радио-шоу «Радость Бизнеса» «Как с радостью выйти из долгов», эфир от 12 сентября 2016.

Так, вся идея здесь в том, что я хотела бы, чтобы люди поняли, что не только я, Симон, вылезла из долгов с помощью инструментов Access Consciousness и поменяла ситуацию. Есть множество людей, которые изменили свои точки зрения о деньгах и поменяли свою финансовую ситуацию, включая и тебя, Дэйн.

Я должен тебе сказать, с первого момента, как я тебя встретил, с тех пор, как ты стала работать координатором Access Consciousness по всему миру, когда я начал занимать место партнера по созданию Access, мне было крайне интересно, что тебе искренне нравилось все то, что ты делала. Я вырос в семейном бизнесе, и они это ненавидели, они ненавидели бизнес. На самом деле, они искренне по-настоящему ненавидели деньги, кроме моего деда, который и создал этот бизнес. Из этого опыта я вынес несколько странных и жестких точек зрения.

Я и хотела начать именно с того, о чем ты начал говорить. Как ты вырос с деньгами? Ты был богат или беден? Какова была твоя ситуация с деньгами, пока ты рос?

Большинство моих юных лет, а именно примерно до 10 лет, как раз пока формируется характер, я жил со своей мамой в очень неблагополучном районе, так называемом гетто. Когда я говорю гетто, то имею ввиду, например, тот случай, когда с деньгами все обстояло так, что у нас сломался унитаз и нам пришлось ждать почти целый месяц, чтобы вызвать сантехника, потому что мы не могли себе этого позволить. И я не буду вам рассказывать, что мы делали, пока его ждали. Скажем просто, все, что нужно было смывать в унитаз, мы каждое утро выбрасывали на задний двор. Прямо возврат в прошлое. Может это у нас был такой замок, не знаю! С одной стороны, было это, а с другой стороны у нас была семья, у которой были реальные деньги, она было состоятельна, но они никогда не вкладывали деньги в нас. Они никогда не давали деньги ни мне, ни моей маме, чтобы сделать нашу жизнь немного легче. Поэтому у меня появилось несколько очень странных точек зрения о деньгах.

Было ли у тебя образование в сфере денег? У тебя они были? Тебе позволялось говорить о них?

Я начал работать с 11 лет. Я работал на фирме у своего дедушки, на складе, что может делать 11-ти летний ребенок? Всё! Я имею в виду, я просто навел порядок на этом месте. Я помогал убираться. Я просто делал все, что требовалось. Это был отличный и удивительный опыт, я работал все лето и заработал несколько сотен долларов. И я был так взволнован, что я носил их со собой повсюду, куда бы я ни пошел. Они у меня лежали в сумке. Мы пошли к реке, где моя семья, мой папа и моя мачеха, отдыхали, и моя мачеха увидела эти деньги. Она увидела эти тысячи долларов, потому что я обналичивал все чеки, и мне нравилось носить наличные с собой, я думал, что: «Это круто!», и не тратил их, потому что мне нравилось иметь деньги. И вот, она открыла мою сумку и взяла их и сказала: «У ребенка такого возраста не должно быть денег». Мне было 11 или 12 в то время, и с этого момента это затормозило мою готовность иметь деньги. Хочу сказать, я, очевидно, изменил это с тех пор, слава Богу.

Но это действительно создало такое пространство в моем мире, где я был очень смущен и находился во внутреннем конфликте насчет денег; как будто я не должен был их иметь. Как будто это было плохо. И это был один из тех определяющих моментов в моей жизни, когда деньги стали для меня чем-то странным. Раньше это было легко. Это было словно: «Да, я пойду на работу». И я работал, буквально, только никому не говорите, но я работал, примерно, 30 часов в неделю в 11 лет. Это было с моим дедом, поэтому было приемлемо и все такое. Но в моем мире из-за денег было много путаницы. А потом, когда я достиг подросткового возраста, моя семья, у которой были деньги и был семейный бизнес, его развалила, потому что они не хотели смотреть в будущее и выбирать в соответствии с созданием будущего.

Мой дедушка, который создал бизнес, уставал. Он также уставал поддерживать моего дядю и моего отца, которые практически думали, что имеют право на любые деньги, которые у него были. И, таким образом, бизнес развалился, буквально. И это интересно, потому что обе стороны моей семьи, бедная сторона, которая в значительной степени выросла в трейлерах и в разных частях света, и «богатая» сторона, определялись деньгами. И когда бизнес моего деда потерпел неудачу, и деньги были потеряны, ох! Это была самая тяжелая травма и драма, которые вы могли себе представить. И это продолжалось годами! Тот факт, что они потеряли все свои деньги, и они не смогли создать больше денег, и они не смогли создать бизнес, который они хотели... Стоит ли говорить об абсолютном замешательстве.

Не мог бы ты немного рассказать об этой путанице? Я же вижу, что как бы тебя ни запутали, тебе все же удалось создать свою собственную денежную реальность.

Я думаю, что у многих из нас фактически есть своя денежная реальность, которая отличается от нашей семейной, это отличается от того, с чем мы выросли, это отличается от того, что есть у наших парней и наших подруг, у наших мужей и наших жен и людей, с которыми мы выросли и у наших друзей. Но мы же никогда не останавливались, чтобы это признать. И осознать разницу и великолепие этого. И это для меня невероятно. Я всегда был готов сделать все, что нужно, чтобы создать то, что я хотел. Я был готов работать настолько много, насколько потребуется. И вот, наконец, я нашел... ведь мы с тобой находимся в этом путешествии вместе, и я знаю, что ты видела множество ситуаций, где как-бы сработали мои патологии, чтобы создать ограничение... но сейчас интересно посмотреть, как я, вступая в свою реальность в отношении денег и финансов, на самом деле начинаю движение вперед с весьма динамичной скоростью.

Можешь ли ты привести пример создания ограничения и как ты его изменил, чтобы создать свою собственную денежную реальность?

Та часть моей семьи, у которой никогда не было денег, каждый раз получая хоть что-то, они либо теряли их, либо транжирили. Ну, например, они инвестировали бы в бизнес какого-то парня, который сказал бы: «У меня есть машина, которая создаст бесплатное электричество. Дайте мне 10 000», и они такие: «Ну, у меня есть 5, но дайте мне собрать всю мою семью, и они могут отдать мне свои сбережения», и они находили способы избавиться даже от тех небольших денег, которые у них были.

Я функционировал по-другому. Мне понравилось иметь деньги и иметь сбережения. Я откладывал 10% и изо всех сил старался, чтобы у меня были деньги. Но все, что выбирала моя семья, очень динамично ограничивало мое творчество. Это ограничивало мою готовность «прыгнуть с обрыва», когда появлялась возможность.

До недавнего времени я функционировал таким же образом и в Access. И поэтому одна из вещей, которую я хочу сообщить людям, это что существуют хаос и порядок. Ни одно из этих понятий не является неправильным. Будьте готовы приветствовать потенциал хаоса и его возможности, которые можно получить с деньгами, и перестать пытаться так сильно все контролировать.

И я заметила, что ты в значительной степени готов делать все, чтобы заработать деньги.

Да. Можно же попробовать, ведь не так? Самое худшее, что может произойти, - вы потерпите неудачу, вы потеряете все свои деньги или дела не пойдут. И мы пробовали тысячи вещей за последние 16 лет. Особенно с Access, потому что он настолько отличается от основного потока, что вам следует попробовать чем больше, тем лучше, потому что обычные штуки для нас не работают. Что и является прекрасным подарком.

Мне вспоминается Ричард Брэнсон. Он смотрел и говорил: «Ну, есть основной поток, а я пойду в другом направлении». Посмотрите, что он создал. Он создал волны в мире каждой отдельной индустрии, в которую он когда-либо внедрялся; или, по крайней мере, в тех областях, о которых мы знаем. Наверняка существует около сотни тех, куда он пытался войти, но для него это не сработало, и он говорил: «Хорошо. Следующий шаг». И я думаю, что это одна из очень крутых вещей, которые вам нужно усвоить: «Хорошо, если это не работает, будет что-то еще». Не сдавайтесь. Никогда не останавливайтесь. Никогда не бросайте. Никогда не отступайте. И не позволяйте никому себя остановить. И что так жизненно важно, начинайте понимать свою денежную реальность. И для меня одна из вещей, которую я осознал, было то, что когда я изменил слово «деньги» на «наличные», то где-то в моем мире, это имело больше смысла. И много людей говорят о деньгах, но они понятия не имеют, что это такое. И поэтому я решил: «Хорошо, вместо денег я начну просить наличные. Я начну просить о создании наличных денег». Ну, они проявятся в долларовых купюрах и тому подобном? Нет. Не обязательно. Но когда я стал называть их «наличные», для меня это нечто более ощутимое; это не просто вспышки на экране компьютера, и это не та странная мерзкая концепция, которую я усвоил с самого раннего возраста, поэтому это дает мне другую возможность. И для меня это ощущается гораздо более креативно.

Одно из моих любимых высказываний, которое я цитирую постоянно, Дэйн, - это когда ты сказал: «Деньги следуют за радостью, радость не следует за деньгами». Итак, можешь ли ты немного поговорить об этом и как ты впервые пришел к этому осознанию?

Я даже не помню, как впервые пришел к этому. Я помню, что был в машине с четырьмя моими бедными родственниками, и мы ехали на автомобиле, который здорово нуждался в ремонте, но никто не мог заплатить за это, и мы ехали за кем-то на Мерседесе; за кабриолетом марки Мерседес. Я смотрел на эту машину, и это было так смешно, потому что в тот момент, когда я взглянул на нее, я подумал: «Это круто. Не могу дождаться, когда у меня однажды будет такая же тачка». В то время я был юным подростком, и повернувшись к одному из членов моей семьи сказал: «Эта машина потрясающая». Одна из моих тетушек быстро сказала: «Дэйн. Эти богатые люди не счастливы». Я посмотрел на свою семью, с которой я жил, и на то, как они были несчастны и подумал: «Хм ... Не может быть сильно хуже, чем это...»

То, что я начал осознавать в своей жизни, что в те дни, когда я был в депрессии и несчастлив, и не хотел вставать с постели, деньги не приходили. Я осознал это, когда был мануальным терапевтом. Если я был подавлен и несчастен, если у меня не было жизненной энергии, и энтузиазма, чтобы продолжать жить, что, кстати, было причиной, по которой я стал мануальным терапевтом в первую очередь, я хотел донести эту энергию людям. И вот если у меня этого не было, я заметил, что никто не хотел записываться ко мне на прием. Люди думали: «Зачем мне хотеть то, что есть у вас?» Правильно? И вот, что я начал осознавать, это то, что деньги следуют за радостью. Чем счастливее вы, тем больше денег вы сможете сделать.

Это интересно, потому что мы все знаем много людей, у которых много денег, которые так несчастны. Я смотрю на это, и в данный момент я чувствую себя офигительно благословлённым. Я в основном путешествую бизнес-классом, и когда мне очень везет, первым классом, куда бы я ни направлялся, потому что это приносит мне радость. И я заметил, что даже когда у меня не было денег на это, когда было за это нелегко заплатить, я все равно это делал, потому что это приносило мне столько радости. Я знал, что это принесет мне больше денег; я чувствовал это. И я думаю, что мы все это можем, и что мы отрезали это от себя с тех пор, как были маленькими детьми. Но одна из вещей, которые я заметил, - это ... если вы живете и страдаете без денег, или у вас их не так много, как вам хочется, возможно, один из недостающих элементов - это радость в вашей жизни; и, возможно, один из недостающих элементов - это радость, которую испытываете к деньгам к наличным, как мы говорили раньше.

Одна из вещей, которые я заметил, путешествуя бизнес-классом, это то, как многие люди злились, были взбешены, выпендривались или были полными сволочами и притворялись, будто все должны целовать им задницу, потому что у них были деньги. Они не были счастливы. Они не были вежливы со стюардессой. Они не были благодарны за то, что получают бесплатные напитки. И я смотрел на это, и думал, как же это существует? Предположительно, у этих людей есть все, чего хотят другие. Они думают, что у них есть то, чего желают все остальные, а именно деньги, но у них с этим нет никакой радости. И это интересно, потому что я видел так много таких людей, и я не понимаю ... вернее, я понимаю это, потому что видел так много этого, и понял, что это способ функционирования большой части нашего мира. Но в моей реальности, это действительно так, деньги не касаются денег. Мне нравится, как сказал Гэри Дуглас на одном из первых классов, которые я прошел с ним. Он сказал: «Послушайте, цель денег - изменить реальность людей для чего-то большего», и я подумал: «Это так здорово. Наконец, у меня есть кто-то, у кого есть аналогичная точка зрения».

Ты можешь рассказать побольше об изменении реальности людей касаемо денег? Как это выглядит?

Я всегда старался это делать, даже будучи маленьким ребенком, знаешь? Когда я был ребенком и у меня в кармане были деньги, и на улице кто-то сидел и попрошайничал, если я видел, что они не просто так этим занимаются и это не выглядело, будто они просто хотят набить себе карманы, если они действительно нуждались, я говорил: «Вот 10 долларов», а это было в те времена, когда 10 долларов были миллиардом. Знаете, это было так давно, когда 10 долларов реально что-то значили. И я им это отдавал, потому что у меня было ощущение: «Возьми, может это перевернет твой мир. Не знаю». Смешно то, что каждый раз, когда я делал нечто подобное и отдавал 10 долларов, как минимум 10 мне и возвращалось.

Я помню, однажды, я шел по улице и у меня было около 20 баксов, которые я накопил, и я собирался купить конфеты, которые давно хотел, и игрушку, которую давно хотел, и еще 25 разных штук, на которые я хотел потратить свои 20 долларов. Господи! Помните эти времена? Короче, я шел по улице и там ко мне подошел человек, и от него исходило ощущение нужды, и он сказал: «Привет чувак, деньжат не найдется?» А я еще тогда даже не был тинэйджером. И я сказал: «Хм…» На моем лице расплылась улыбка я и ответил «Конечно. Вот». И я подумал, ну ладно, наверно я теперь не пойду покупать свои конфеты и игрушки. Я начал шагать по направлению к дому. Буквально повернув за угол, я обнаружил на земле 20-тидолларовую банкноту. И я подумал: «Здорово. Это невероятно». Так вот, радость дает вам некое ощущение волшебства жизни и образа жизни. Это правда может проявляться таким образом, большинство из нас просто забыло об этом, даже если у нас это и было, когда мы были детьми. Но если вы сможете к этому сейчас вернуться, деньги начнут проявляться для вас в самых различных местах.

И я считаю, что всем нам жизненно важно понять, что это неважно, сколько у вас денег. Значима радость, которую вы получаете, независимо от того, что вы делаете. Именно так и было со мной. У меня было 20 долларов, и я их отдал, понимаете?

В этом есть такая щедрость духа. Ты можешь рассказать еще о щедрости духа и о том, что это создает?

Это интересно, поскольку, когда я впервые встретил Гэри Дугласа, у него вроде бы и не было много денег. Мы куда-то шли и чем-то занимались, и можно было подумать, что он миллиардер, судя по той щедрости духа, которой он обладал. И дело именно в следующем...в щедрости духа, которой вы можете обладать с деньгами и наличностью и дарением. А также то, как вы проявляете себя в этом мире, может принести вам деньги и наличность, поскольку, когда вы обладаете щедростью духа – это словно вы раскрыты для получения подарков. А мы часто не осознаем, что дарение и получение происходят одновременно. Большинство из нас пытались это исключать. Мы старались облечь это в 'дарение и получение' или в 'отдачу и получение'. Или у большинства из нас есть точка зрения 'отдать и взять'. И я понимаю, что мир функционирует именно таким образом, но вы же не обязаны так функционировать.

Итак, ты, я, практически вся команда Access, у нас есть так называемая щедрость духа, которая приносит нам радость, когда мы кому-то делаем подарок. Нам дарит радость видеть, когда кто-то замечательно одет и прекрасно выглядит. И мы говорим: «Черт, детка. Ты сегодня суперски выглядишь!» Неважно, парень это или девушка. Происходит то, что это, на самом деле, создает энергию получения напрямую от вселенной. И когда я говорю о вселенной, я не имею ввиду оторванную от реальности «вселенную». Что я имею ввиду, это то, что мы все – часть охренненой вселенной, понимаете? Поэтому вы получаете наличные не только от вселенной. Они приходят к вам от других людей и через различные каналы. Это создает энергию, где поток будет продолжаться благодаря одновременному дарению и получению. Это на самом деле не мир, где просто дают и берут. Мы просто его таким создали.

Ты говоришь о том, что у тебя было две разных семьи, у одной не было денег, а у другой они были. У них была разная энергия. Какую разницу ты замечал?

В вкратце, для меня это было так: та часть семьи, у которой не было денег, гордилась своей бедностью. Я вижу это у многих людей.

Гордиться бедностью – это один из самых масштабных моментов, которые я вижу у людей, которые постоянно отказываются от денег. Это наподобие: «Тебе неведомо, через что я прошел. Ты не знаешь, как мне приходится страдать». А вы уже не обязаны удерживать на месте эту чушь. Какая от нее ценность? Только потому, что это было у вашей семьи, не означает, что и вам это надо.

Теперь, что касается той части семьи, у которой были деньги. Они так же были скупы, просто их образ жизни был лучше. За исключением моего деда. Именно он и создал бизнес, который приносил огромные деньги, которые мой отец, дядя, бабушка и остаток семьи потом растратили и сократили до нуля. Осознание этого изменило мой мир, поскольку у него была щедрость духа и он постоянно был готов дарить и всегда получал еще больше.

Ты можешь рассказать мне побольше о своем деде? Что это был за бизнес и чем он занимался?

У моего деда была унаследованная щедрость духа. Однажды, когда я еще рос, я показал ему свой школьный табель, и он сказал: «Хорошо», и вручил мне 600 долларов. Это было еще когда я был в выпускных классах школы. И у меня округлились глаза, потому что мне нравятся деньги, так? Я обожаю деньги. И я подумал, это здорово. Это очень круто. И вытаращил на него глаза и спросил: «За что это?» А он сказал: «Это за все твои пятерки». Я получил 6 из 6-ти пятерок. И я уточнил: «Правда?» Он сказал: «Да, каждый раз, когда ты будешь получать пятерку, я буду давать тебе сто долларов, а за четверку ты получишь 50». Угадайте, кто был круглым отличником до окончания школы?

И знаешь, это так интересно. Ты иногда не полностью понимаешь, как кто-то повлиял на твою жизнь, пока однажды тебя не попросят об этом рассказать. Со мной сейчас это и происходит. Я прохожу через множество вещей, где я понимаю, что огромной частью финансовой реальности, которую я могу сейчас иметь, я обязан тому, кем я его видел. Тому, за что никто в нашей семье его не уважал, и никто не признавал, как нечто значимое. Он правда был мастер в этой области. И эта область, эта щедрость духа была для меня просто удивительна. И еще удивительной была готовность отдать наличность, отдать деньги, и это не было просто для того, чтобы деньги были спущены на ерунду. Он знал, когда это могло изменить чью-то реальность. У него была такая же точка зрения, как и у Гэри.

Он мне показал на примере моего первого школьного табеля в выпускных классах то, за что я действительно хотел работать и выбирать, и я буквально был круглым отличником. За все время я получил, наверное, две четверки с плюсом. А все остальное было, в основном, отлично. И это была часть моей мотивации, но я не просто делал это ради денег. Я это делал, потому что кто-то реально отдал мне должное этим подарком и меня разглядел и понял, что все это ценно. Когда я приносил домой табель с оценками, мои отец и мачеха смотрели на это и говорили: «Клево, я подпишу, что я это видел». И в этом не было никакой энергии. Не было: «Супер, молодец, Дэйн. Мы бы так не смогли». Поэтому то, что сделал мой дед, заставило меня достигать большего и, опять-таки, одна из вещей, которые мы можем делать с деньгами, это вложить их в людей, чтобы это позволило им достигать большего.

А были у тебя определяющие моменты, когда у тебя была осознанность того, что энергия, окружающая деньги, может создать или не создать?

Это интересно в связи с семейным бизнесом деда. Он назвал его «Роботроникс», и люди всегда звонили и спрашивали: «У вас есть роботы?» И он отвечал: «Нет, мы, вообще-то, этим не занимаемся». Они продавали и обслуживали офисную технику. Но он разглядел потребность, которую мог удовлетворить в очень юном возрасте, создав этот бизнес, когда никто еще этим не занимался, и получил различных крупных клиентов, крупные банки, серьезные организации, и все это в те года, когда люди пользовались печатными машинками и копировальными машинами и тому подобным. И вот, когда это стало эволюционировать в век компьютеров, он тоже хотел вовлечься, а мой отец и дядя, у которых в то время была определенная доля в бизнесе, сказали: «Нет. Мы не можем этим заниматься». Пустой треп. Они не были готовы видеть будущее. Это еще один момент, который был у моего деда. Он был готов видеть будущее, смотреть на то, что создаст его выбор для бизнеса и для личной жизни и делать все необходимое, чтобы создать наилучший результат.

И я вижу множество людей, которые, во-первых, не понимают, что у них есть эта способность, и я думаю, что многое из этого происходит потому, что они застряли в финансовой реальности своей семьи. А во-вторых, в какой-то момент мой дядя в конце концов создал бизнес, наподобие Kinkos, который есть, как минимум, по всей Америке, и я знаю, что он также есть в нескольких местах по всему миру. Kinkos – это в принципе офис, где есть все, если вам нужно арендовать помещение, если вам нужны копировальные аппараты, если вам нужно сделать какие-то копии бумаг, если вам нужно напечатать рекламные плакаты, и все такое. Мой дядя реально создал такой бизнес примерно 15 лет назад, еще до того, как появился Kinkos, но он был настолько вовлечен в то, чтобы не иметь денег и заниматься саморазрушением, доказывая правоту своих жестких точек зрения, что бизнес провалился. Вы, конечно, можете сказать, что он опередил свое время. Это так. Но если бы у него было такое влечение, которое было у моего деда, вы бы сейчас говорили с мультимиллиардером, поскольку, в действительности, он создал такую концепцию раньше, чем кто-либо еще в мире.

Так много людей застревают в точках зрения своих семей. А вы, вы тоже на это купились? Вы создали свою собственную реальность? Как люди могут выбраться из того, в чем они застряли благодаря точкам зрения своей семьи?

Глядя на все эти вещи со стороны финансов, я вижу, откуда пришло множество точек зрения, хороших и плохих, расширенных и ограниченных. Но есть еще что-то, что на самом деле очень важно, это выйти за пределы всего этого, выйти за пределы прошлого. примерно так: «Отлично. У меня это со стороны семьи моей матери. А вон то у меня со стороны семьи отца. Здесь я сходил с ума от бедности. А там я сходил с ума от неготовности иметь деньги, когда деньги у них были и они их теряли и уничтожали, но знаете, что? Что бы я хотел создать сегодня?» Да, у меня все это есть, и я бы еще предложил людям, чтобы они заглянули в прошлое и записали все самое значимое, чему вы научились о деньгах от окружающих вас людей, пока росли. Какую осознанность вы получили, исходя из которой никогда не действовали и никогда не признавали, что ею обладали? И каковы ограничения? И пройдите по этому листу 10 раз, 20 раз, 30 раз, пока вы не будите смотреть на список, и у вас не останется никакой тяжести. Потому что необходимо не просто посмотреть на прошлое и пережить его снова, и продолжать смотреть на это и думать: «Ах вот почему у меня есть эта точка зрения. Хорошо. Я ее еще на какое-то время сохраню». Нужно понять, что эта точка зрения является ограничением: «Ой, это здорово. Теперь я знаю, хотя бы частично, почему у меня есть эта точка зрения. Теперь я готов пойти за пределы этого».

И я ненавижу это говорить, но моя точка зрения об этих точках зрения и наших ограничениях из прошлого заключается в следующем: «Знаете, что, на хер это!» Да, я так и жил. Когда я рос, я испытал некое ужасное насилие; физическое, эмоциональное, ментальное, и в значительной степени все окружающие меня ненавидели, на протяжении большой части моей жизни. Знаешь, моя мачеха и семья, с которой я жил в гетто с мамой, ну хорошо, хорошо. Отлично. Я это пережил. Что теперь? Теперь, что я хочу сегодня создать в своей жизни? У меня есть 10 секунд, чтобы прожить всю оставшуюся жизнь, что я собираюсь дальше выбрать? Не так: «У меня есть весь этот опыт, поэтому мне нужно нести его дальше», а «Ок, это есть. Теперь, что я могу сделать, чтобы выйти за пределы этого?»

Есть ли еще какие-то действительно прагматические инструменты, которые ты мог бы дать людям, которые говорят: «Да, да, да. Он это сделал. Она сделала это. Но как насчет меня?» Есть ли что-то еще, что ты можешь добавить к этому, чтобы просветить людей вдохновить их выбирать что-то другое с деньгами и их жизнью?

Конечно. И я абсолютно серьезен, когда говорю это: купите новую книгу Симон! И что бы я посоветовал, запишите этот вопрос: «За что я больше всего держусь из прошлого, касаемо денег и наличности?» И напишите чертов роман, если вам нужно. А потом сожгите эту хрень. Хорошо? Это было в прошлом. Есть и другие вещи, на которые я хотел бы обратить ваше внимание, и, может быть, запишите их, если вы готовы, но то, на что вам следует посмотреть, так это на: «Какой подарок дало мне то, что я пережил это?» Вы видите, мы продолжаем смотреть на прошлое, как будто это проклятие. Это не так.

У меня есть врожденное осознание того, как функционируют люди, у которых очень мало денег. У меня есть врожденное осознание их неуверенности и их желаний и их ощущения, что они не могут ничего сделать. Ну, и какова моя работа в мире? Фасилитация людей, чтобы выбраться из этого дерьма. Так вот, врожденное осознание, которое у меня есть, это то, что я не знаю, смог бы я делать то, что делаю, без насилия, которое я испытал. Возможно, я мог бы, но не таким образом, как я это делаю. Не так, как это работает для меня, а порой это весьма интенсивно. И еще, касаемо финансовых штук, смотрите, учитывая то, что я пережил, у меня есть место, пространство, из которого я могу говорить, что позволяет мне делать то, для чего я здесь в мире. И то, на что я насмотрелся с сотнями тысяч людей, которые прошли через Access за то время, когда мы оба были здесь, это у всех есть что-то, чем они здесь занимаются. У каждого есть что-то, чему их жизнь способствовала, чтобы они здесь были и чем-то здесь занимались. Когда вы начинаете идти по следу этого дара, все начинает резко меняться, потому что вы выходите из осуждения того, что вы испытали, и затем начинаете смотреть на дар того, что испытали, а потом вы видите это уже с восторгом. И тогда другой вопрос, который нужно задать, это: «Как я могу использовать это, чтобы создать деньги и наличность?»

Таким образом, нам на самом деле следует использовать свое детство, то, как мы выросли, культуру, семью, все для своего преимущества.

Именно. Также используя любые другие инструменты, которые у вас есть. Если вы хотите записать еще несколько вещей, вы можете записать: «Какие еще инструменты и подарки у меня есть, которые позволят мне создавать много денег, больше денег и больше наличных, чем я когда-либо думал?» И запишите, что еще у вас есть.

Кроме того, есть еще такая составная часть этого всего, как не воспринимать себя так чертовски серьезно. Вы знаете, мы делаем это так часто, и о чем ты говорила в самом начале шоу, о легкости и о том, чтобы все делать из радости, и у тебя есть «Радость Бизнеса» как один из твоих бизнесов, а также книга, и когда я услышал об этом, когда увидел, что ты занимаешься бизнесом из радости, это было именно об этом. Не воспринимайте себя так серьезно. Веселитесь больше. Делайте то, что приносит вам удовольствие, и не принимайте себя так чертовски серьезно, и вы на самом деле начнете создавать больше денег, чем когда-либо считали возможным.

Люди сейчас тебя видят, и ты успешен, у тебя есть деньги, ты известен во всем мире. Но на самом деле ты начинал не с этого.

Как ты видел создание своего будущего и какова была энергия, которой ты был, которой ты должен был быть? Что ты выбрал, когда решил на самом деле начать брать большую плату за свою работу, начиная получать больше денег за то, что ты реально делаешь и кем являешься?

Когда я начал, я брал 25 долларов за сеанс мануальной терапии, большинство людей получали то, за что они готовы заплатить 25 баксов, что по цене сравнимо с походом в кино. И это было так: «Ой, это было отличное мероприятие. Большое спасибо», - и они уходили. А затем появился Гэри Дуглас, который вошел в мой кабинет и сказал: «Ты берешь слишком мало за то, что делаешь». Ну я провел ему сеанс, и он сказал: «Это буквально спасло мою жизнь». И я спросил: «Правда? Я?» Потому что мой уровень неуверенности в то время был очень высоким. Очень многое изменилось за последние 16 лет! И чего люди не осознают, это то, что они видят кого-то, у кого есть определенный уровень успеха, богатства, или в принципе некий уровень того, чего они думают, что желают, и они не осознают, сколько времени им потребовалось, чтобы этого достичь. Они не понимают, сколько ошибок они совершили. Они не понимают, сколько неуверенностей им пришлось преодолеть.

И поэтому я хочу сказать людям, где бы вы ни находились прямо сейчас, начинайте. И получите это ощущение, если бы вы могли поместить перед собой энергию того, что было бы, если бы вы зарабатывали, возможно, в три-четыре раза больше того, что зарабатываете сейчас, и прочувствуйте энергию от этого. И прочувствуйте энергию того, каково это – путешествовать по миру, если бы вы хотели этого. Или, по крайней мере, иметь время и деньги на поездку. Прочувствуйте энергию того, как бы это было, не просто оплачивать свои счета, а иметь тот уровень благосостояния и финансового изобилия, который вы хотите, и дополнительные наличные деньги в банке или под матрацем, или где бы вы их там держали дома.

И также почувствуйте, как бы это было, если бы вы делали что-то, что было бы полезно для людей и все время менялось, где вы бы работали с интересными людьми и где вы бы получали удовольствие от жизни и вашего образа жизни. Прочувствуйте вкус этой энергии, а потом потяните в нее энергию со всей вселенной, и направьте из нее небольшие лучики ко всем и вся, кто может помочь воплотить это для вас в реальность, кто вам еще не знаком. Знаете, это упражнение из моей книги «Быть Собой, Меняя Мир». И она именно про то, как быть самим собой. Какова же у вас будет уникальная энергия того, если все эти вещи проявятся? А затем, шагайте в сторону того, что будет ощущаться сходно с этим. И, хоть люди и не понимают этого, есть нечто, что будет направлять их, а это как раз их осознанность, это их связь со всем, что есть, назовем это так. Смешно то, что кажется, что успешные бизнесмены делают это самым естественным образом. А потом многие из них обливают дерьмом все, что связано с энергией. И я им говорю, «Да, но вот что вы делаете энергетически.» А они отвечают «Да, да, да. Нет. Нет. Большое спасибо, но не говорите слово «энергия».

Но если вы сможете это ощутить, это начнет создавать вашу готовность шагать в будущее. И вот вы тянете в это энергию, тянете со всей вселенной, пока оно не станет огромным, и попросите вселенную поспособствовать. И вот в чем дело. Я слышу, как много людей говорят «вселенная», как будто это нечто вне их. Вы являетесь частью вселенной! Поэтому поймите для себя, что вы просите о чем-то, поскольку вы с ней связаны. Потом направьте маленькие лучики ко всем и вся, кто может помочь воплотить это в реальность. И таким образом, вы начнете создавать энергию того будущего, которое вы хотели бы создать. В этом странно и чудесно то, что составляющие части того, как эту энергию было бы можно создать, начнут к вам приходить. Но вы должны быть готовы их получить, когда они для вас проявятся.

И вот тут мы добрались до момента, когда я говорил о том, что я все старался упорядочить свою семью. Когда вдруг проявлялось что-то, что мне казалось слишком «большим», я считал: «Ну нет, я не могу это сделать», вместо того, чтобы задавать вопрос. И это следующий шаг, который вам следует сделать, когда нечто проявляется для вас. Не говорите: «Я не могу этого сделать». Вместо этого лучше скажите: «Что мне нужно, чтобы это сделать?» Ведь это реально является гораздо более действенной точкой зрения: «Что нужно, чтобы я это создал?», чем находиться в состоянии неуверенности от того, что вы не можете сделать и что не можете создать.

Итак, у вас есть моменты, когда вы находитесь в неуверенности, или у вас есть причины, которые вы создали себе как реальные, или у вас есть нечто созданное вами, на что вы смотрите как на ошибку, хотя оно этим не является. Одно из того, что я вижу в тебе, Дэйн, это то, что ты постоянно выбираешь нечто большее, независимо от того, что для этого потребуется.

Да, точно. Одна из вещей, которую делают люди, когда перед ними возникает новая возможность, это то, что они автоматически решают, что не могут этого сделать еще до того, как приступят. Это один из моментов, где мы себя очень динамично останавливаем. И если вы посмотрите на мою жизнь, у меня есть множество причин сказать нет. У меня множество причин себя останавливать. У меня множество причин для того, чтобы не смочь что-то сделать. Но я должен сказать, что благодаря инструментам Access и Access Consciousness, поскольку они и правда являются бесценным кладом инструментов, чтобы что-то изменить, благодаря им и тому, что мы близки с тобой, с Гэри и с друзьями, которые действительно меня поддерживают и которые будут рядом со мной, когда я пойму, что у меня есть некое ограничение и я хочу его изменить, благодаря всему этому мое прошлое больше не управляет моим будущим. И я думаю, что это одна из самых больших человеческих трудностей: их прошлое управляет их будущим. Появляется прекрасная возможность, а они говорят: «Нет. Это слишком хаотично. Это слишком для меня». А знаете, что? Созидание происходит из хаоса. В случае с хаосом, мы продолжаем думать, что порядок – это хорошо, а хаос – плохо. Сознание включает в себя все и ничего не судит. Именно поэтому мы занимаемся Access Consciousness. Это включает в себя все и ничего не судит.

Я хочу сказать, что, если вы на секунду задумаетесь, двигатель внутреннего сгорания, тот, который, черт возьми, управляет вашей машиной, он работает на хаосе. Ваш автомобиль едет на сжигании топлива, т.е. на взрывах, которые происходят в двигателе машины. Если бы вы постарались полностью исключить хаос, ваша машина бы никуда не поехала. То же самое происходит и с автомобилем вашей жизни. Что вам стоит сделать, это взять этот хаос и организовать его наилучшим образом так, чтобы создать связь между хаосом и порядком, которая позволит вам двигаться вперед. И я это говорю, а многие мне отвечают, «А? Что? Не понимаю...»

Но прелесть этого в том, что вам не обязательно знать, как это работает. Но вы должны быть готовы перестать избегать проявляющийся хаос и все те вещи, о которых вы думаете, что они слишком большие, значимые, а также вещи, которые, как вы думаете, невозможно контролировать. Ведь возможно, что вам необходимо именно нечто неконтролируемое, чтобы сделать следующий шаг.

Итак, какие вопросы могут задать люди, если, например, думают: «Да-да, этот парень может это сделать, но как же это смогу я?»

Ну, просто поймите, что я тоже не знал, что могу это делать, но я был готов попробовать. И это то, что вы реально должны быть готовы делать, добиваться своего. Вы знаете, самое худшее, что может произойти, это если у вас ничего не получится. И знаете, что? Сколько вещей вы уже сделали, которые у вас также не получились? А дело в том, что везде, где у нас сомнения, и все те ситуации, когда мы говорим нет, это те обстоятельства, где мы стараемся упорядочить что-то из нашего прошлого. Буквально все. А если бы вы взглянули на это и спросили: «Что я пытаюсь здесь упорядочить?»

Поймите, что ваши попытки упорядочить свое прошлое останавливают вас от создания своего будущего.

Что еще ты хочешь нам сказать до того, как мы закончим разговор?

Ваша точка зрения создает вашу реальность, ваша реальность не создает вашу точку зрения. Эти инструменты изменяют вашу точку зрения, поэтому ваша реальность начинает проявляться по-другому. Вы не обязаны страдать по поводу денег. Я вас отлично понимаю и поддерживаю.

Любой может поменять свою финансовую ситуацию. Ты это делала. Я это делал. И мы видели так много людей, которые сделали это, придя в Access, но вы должны быть действительно готовы это сделать. Вы должны быть готовы работать, это не волшебная таблетка, но иногда срабатывает вроде чертовой волшебной палочки!

Вы можете менять свою судьбу, правда. Вы можете поменять все. Что, если вы, будучи истинным собой, являетесь тем даром, переменой и возможностью, которые так нужны этому миру? Выбираете ли вы это знать? Потому что так оно и есть.

www.ingramcontent.com/pod-product-compliance
Lightning Source LLC
Chambersburg PA
CBHW011302210326
41599CB00035B/7088